微易經

吳進輝——著

自序

生命如果只是「竹下落，葉之隕。」在沉寂之前，是否也該發出一點飄落的響聲。作為一位傳承經典智慧的易經教授與人師，在生命落幕前應該留下什麼？《微易經》一書，將會是作者在易經著作的最後身影。

南宋詩人之冠的陸遊說：「文章本天成，妙手偶得之。」作者的生命告別作一百多萬字，應該就是陸遊所說的妙手偶得之，因為一百多萬字都是靈感所至的即興創作。好的文章創作，必須兼具三個條件：一、長期累積的經驗感受，二、深刻的哲學思考，三、靈感泉水的湧現，才能夠厚積薄發，自然天成的創造出精彩的文章。

易經學家吳進輝是五千多年來研究中華文化天書寶典：《易經》的學者中，真正像先秦聖人文王、孔子一樣，能夠掌握《易經》符號系統密碼奧義的少數人之一，因此才能夠創造性的詮釋《易經》文本，才經得起人稱易經大師之名而受之無愧。遺憾的是作者沒有機緣成為國師，也沒有機會周遊華人地區，也就沒有成為名師。只能以

「明師」的身分自我期許，傳授正宗易經絕學給這些一路追隨，有緣的學生。

孔子一生有志難伸，孟子一生懷才不遇，做為孔孟老莊的私淑弟子，老天待我也不薄，這輩子也只能這樣了，夫復何求！四海之內皆兄弟，知心知己有幾人？魏晉詩人陶淵明，在逝世的前三個月，回顧一生，感慨萬千，於是寫下〈自祭文〉。在自祭文的結尾，悲愴的問蒼天：「人生實難，死如之何？嗚呼哀哉！」陶淵明一生壯志未酬，只能歸隱田園，在孤寂中了其一生，雖然死而無恨，但深藏在內心深處的悲愴，又有誰知？所以只能無語問蒼天：「人生實難，死如之何？」孟子說：「趙孟之所貴，趙孟能賤之。」生命中的軒冕之尊或名利權位，豈能長久？只有能夠堅持原則，瀟灑拋棄軒冕的人，才能彰顯非凡的生命光景。

作者「五十年來勤讀書，日間揮灑夜間思，冗繁削盡留殘影，寫到盡時是生時。」《微易經》一書，是作者一生研究《易經》，晚年專門為普羅大眾所寫，淺顯易懂的易經小品集。做為一位哲學家與作家的使命，就是把自己領悟的義理寫下來，就算同一個時代的人不能了解，也沒有關係，也不必在意。如果百千萬年後，遇見知音可以了解，這就像穿越時空，眼前立刻遇到一樣，莊子稱為「旦暮遇之」。「旦」是天亮的時候，「暮」是日落的時候，旦暮是一天的意思。旦暮就是朝夕，比喻短暫的時間，所以「旦暮遇之」就像眼前立刻遇到一樣。

《易經》之鑰有三易：不易、變易、易簡。「易簡」是乾坤的代名詞，「易」是乾卦剛健不息的功夫，「簡」是坤卦厚德載物的功夫，「易簡」兩個字就代表《易經》剛柔並濟的功夫。換句話說，「易博通」是《易經》功夫境界論的範疇，學習易經能使人擁有易博通的功夫境界，可以自覺，可以覺人。「易博通」就是剛柔、博大、與通達的意思。

《微易經》一書是作者「立言」使命的告別作，是作者治學近五十年的心血結晶，是專門為普羅大眾所寫的生命智慧小品，文字淺顯易懂，盡量力求口語化。每一篇文章都是淬鍊的智慧結晶，讀者可以當作床頭書，隨意選篇閱讀，都能拾得生命的智慧。《先知》（*The Prophet*）詩人紀伯倫（Kahlil Gibran）說：「什麼是美？美就是見到他，就甘願為他付出一切。」祝福閱讀本書的讀者都能走向自由之路，恢復完整的生命。

本書文字雖然非常白話，但內容蘊含深刻哲理，是作者繼《思維易經——智慧開門》和《讀易衍義——生命的層層轉進功夫》之後的第三本易經智慧創作，也是作者生命落幕前，最後一本「流動哲學智慧」的隨筆集。用經典的智慧來幫助世人，溫暖現實人生的心靈，始終是作者一生的心願。

《微易經》是作者嘔心瀝血撰寫的經典智慧小品集，總共四章，涵蓋的生命智慧非常廣泛，讀者可以輕鬆閱讀，應該可以溫暖您在複雜多變的人世間所受的挫折、壓力、沮喪、失落、痛苦、悲傷……等心情，啟發您人生的進退應對之道，幫助您人生更加逍遙自在。

古人說：「太上有立德，其次有立功，其次有立言，雖久不廢，此之謂三不朽。」作者一生談不上立德，也配不上立功，而立言還算能沾上一點邊。作者解讀過《易經》，書名為《思維易經——智慧開門》，側重在《易經》文本的詮釋；衍義過《易經》，書名為《讀易衍義——生命的層層轉進功夫》，著重在《易經》的生活應用。而《微易經》一書是作者引退之前的最後一本著作，是一本無形療癒力量的智慧小品隨筆集。

孔子第三十二代孫，著名經學家孔穎達說：「立言謂言得其要，理足可傳，其身既沒，其言尚存。」作者一生解讀經典，以闡發義理內涵及生命體悟為立言宗旨，應已符合孔穎達立言的標準：「言得其要，理足可傳」。作者一生的著作都是自己「經典人生」學、思、行歷程的心得與足跡。書稿將完成時，賦詩一首：

落日餘暉逝不遠，
一抹斜陽照城頭，
腹中乾坤藏不住，
隨筆揮灑留後世。

《微易經》一書是心有所感，隨筆寫成的小品，這些小品都是作者四十幾年來鑽研經典智慧的心得，因不忍藏諸名山，所以不揣淺陋，欣然付梓，希望能留傳後世，嘉惠世人，並完成一生立言的使命。

作者一生從年輕到年老，主要做五件事：讀書、演講、講學、寫作、與諮商。作者生活簡單淡薄，堪稱是道道地地的讀書人、文人，也是專門幫人家解決問題的人。四十歲到五十歲是作者一生逢時風光，行大運的期間，從台灣頭到台灣尾，從西到東，四處奔波，講學、輔導企業、演講、易經心理諮商、易經決策諮詢，忙的勞累不堪，也忙的不亦樂乎！

從年輕到年老，在大學授課以外，作者受邀演講與講學應該不下三千場。「君不見走馬川行雪海邊，平沙莽莽黃入天。」多少掌聲，多少勞累，多少歡心，回首前塵，終究走過的只留下心跡，有形的表演與成果，畢竟只是鏡花水月一場空。教了三十幾年《易經》，有些同學已經跟隨老師二十多年，有些同學已經跟隨老師十多年，有些同學已經跟隨老師八年以上。這些同學跟老師早已超越了師生的關係，成了心靈的至交。

作者用了九年的時間寫了三本易經著作，書中內容穿越五千年博大精深的中華文化與智慧，「人生有情淚沾臆，江水江花豈終極？」作者一生的使命與理想就是成為《易經》大家，成為經師，成為人師，這個使命與理想，知命之年應已達成。作者非常用心做學問，自評《易經》的學養與火候不在大學者王弼、程頤、朱熹、船山、李光地之下，但一輩子只窩在台灣也是並未成名。孔子說：「及其老也，血氣既衰，戒之在得。」二十世紀重量級哲學家海德格（Martin Heidegger）說：「人是向死而存有的。」老子說「人最後還是要回到道中。」現在作者老了，已經看淡了一切，放下了一切，隨時準備迎接死神的光臨。

人生只是一趟旅行，我們是過客也是歸人，該看的已經看完了，該做的也做的差不多了。從「道」中而來，勢必回歸「道」中。作者已立好遺囑，交待家人，大限來臨時，直接火化，不辦任何儀式。火化後骨灰直接灑向大海，此生俯仰無愧，夫復何求！

最後要由衷感謝的是所有古今中外的這些聖賢智者與哲人，沒有您們智慧的穿越傳承，作者也無法順利完成這本《微易經》的生命智慧文集。同時更要感謝學養俱佳的龔袒元、石朝穎、楊仕哲、鄭文達、曾彥魁、王天政等六位大學教授，余季華、李美枝兩位資深高中國文教師，對本書的肯定與推薦，以及商周出版社總經理彭之琬小姐與總編輯程鳳儀小姐對作者的含弘，編輯黃筠婷小姐的用心設計與編排，本書才得以順利付梓。尚祈四海易學同好不吝指教，同時能如孔子在易經兌卦《大象傳》中所說的：「君子以朋友講習。」

CONTENTS｜目　錄

自序／002

一、認識自我，享受人生

相視而笑，莫逆於心／020
旅行中的人／022
人生轉捩點的關鍵時刻／024
謎題的提示在意想不到的地方／026
深藏在內心深處的智慧泉源／028
大鵬南飛的啟示／030
解除必要性／032
功夫境界／035
如何避免井底之蛙的困境／037
觸類旁通的相錯關係／039

了不起的處世高級功夫／041
後會有期與不期而遇／043
缺點來自於性格而決定了命運／045
從喪心走到病狂／048
惡心與煩惱相伴而生／050
「謙」與「履」是禮的一體兩面／053
什麼是儒家所標榜的君子風度／055
養生之道貴在動靜密合／058
生命境界的提升如何可能／060
不知變通的守信也會招來災厄／064
堅持原則和選擇從眾之間的掙扎／066
《易經》「敬慎不敗」的義理精髓／069
休閒是思想的溫床／071

CONTENTS | 目　錄

憧憧往來的思慮紛擾／073
真人與真知／075
有志氣還得有底氣／078
旅遊也是生命覺醒的契機／080
在行動中培養定力／083
經由內在人格的透顯，外表更加光輝燦爛／085
生命過程的形上美學與形上意義／087

二、因應變化，應對世界

生命到底是謎還是奧秘／094
人生最上乘的處世功夫／096
謙虛納百福／098
在生命綿延的時間節點上賦予意義／100

又謙虛又可靠才會有誠信的力量／102
人為什麼成為自己最大的敵人／105
生命覺醒的障礙／107
「躁、隱、瞽」三過失／110
有心人的「有心」有三個意思／112
結霜已經預告堅冰的來臨／114
權力使人腐化／117
人的生死是由自然法則決定的／119
高調張揚，過度縱情享樂不能長久／121
心通了什麼都有可能／123
老祖宗的愛情撇步就是要永遠的感動對方／128
懂得尊重自己的人才會去尊重別人／130
「孚」字的意境與效用／133

CONTENTS｜目　錄

原來只是久別重逢／136
教思無窮活力四射／139
精當的預測能力如何可能／141
王道精神與王道企業／143
勿問元吉／146
「王假有廟」的精神力量／148
保持一顆單純的心來做選擇／150
人生的前半部在增加，後半部卻在減少／153
大同的理想世界／156
隨時適變／158
人志與天命的辯證關係／160
山窮水盡疑無路，柳暗花明又一村／162

三、面對困難，化解挫折

險阻人生／166
險難險阻正是生命修練的最佳道場／169
孔子說學習《易經》讓他的人生沒有大過／171
困境是考驗一個人內心是否通達的最佳時機／173
人間修羅場的大考／177
驕吝必敗／179
項羽的失敗是敗在自己／181
把握永恆趨向神性的生命動能／184
《易經》四大難卦的四大啟示／189
遁退的選擇與功夫／192
從容是一種境界，功夫在於涵養／194

CONTENTS｜目　錄

掌握關鍵的時刻，發揮「蝴蝶效應」的關鍵力量／196
節制的正道／201
不藥自癒的調節能力／203
智者必不多言／205
以柔掩剛、不露鋒芒的外表示弱策略／207
從「密雲不雨」到「密雲下雨」如何可能／209
不受外在左右的內心境界／211
無奈形勢比人強／213
處變不驚的聖人與君子之勇／216
壯盛時不宜輕舉妄動／220
「耕者不變，歸市者不止」的仁道現象／222
《易經》是最佳思維決策模型／224
用兵的上等智慧／226

克敵制勝、激勵士氣的妙方／228
兌卦的領導效果／230
領導之道的典範／232
通天下一氣的無心感應／236
絕處逢生的智慧／238

四、接受挑戰，全面升級

巽在牀下的真功夫／242
認識「相反相成」的道理／244
涉世如涉水／246
見惡人，无咎／248
不是擁有的太少而是奢望的太多／251
「誠」與「止」兩個字是古聖先賢的思想血脈／253

CONTENTS | 目錄

從「含章可貞」到「含章秀出」／255
海闊天空任我行／257
是吉凶未卜還是火候不夠／260
「危言危行」與「危行言遜」／262
鑑往可以知來，為時不晚／264
《易經》偉大的辯證思維／266
境界的開顯需要透過功夫的修練／270
一字兩用的太極精神／273
君子要知道「永終知敝」的道理／275
《易經》八字箴言／277
生命的三毒／280
小懲而大誡／282
自我結構讓我們離開內在的真實本質愈來愈遠／284

虛幻不實的成長假相／286
利之所在也就是險之所在／289
人生不如意事十之八九／291
登高必跌重／293
雖有至知，萬人謀之／295
「德行、智慧、能力」三項有如《易經》鼎卦的三隻腳／298
人生不容易修練有成的功課／300
生命的淬鍊圓熟是一個漸進的過程／301
《易經》太極思維的辯證法玄妙無比／304
動態而與時俱進的合宜之道／308
不能慎始慎終，常常功敗垂成／311
是結束也是開始／313
走出生命的幽谷／315

一、認識自我，享受人生

相視而笑，莫逆於心

人生最快樂的事，不是升官發財，而是明白人生的道理。人生的意義為何？人生的價值何在？

如何明白人生的道理，光靠自己閉門研習是不夠的，若能「以文會友」，相互唱和，更是人生一大樂事，所以孔子說：「學而時習之，不亦悅乎，有朋自遠方來，不亦樂乎！」曾子也說：「以文會友，以友輔仁。」更多益友的相互勉勵，相互切磋，肯定能夠幫助我們走向人生的正路。《易經》兌卦《大象傳》說：「君子以朋友講習」，意義就在於相互論道切蹉，彼此學習精進。

莊子所標榜的真正朋友，一定是悟道的人，所以不必交談也能「相視而笑，莫逆於心。」這是交友之道的最高境界，好比在江湖中悠游的魚，互相忘了對方，人生之樂莫此為甚。

何謂悟道的人？悟道的人就是生命高度覺醒的人，孔子稱為「君子」，莊子叫做

「真人」。一個生命高度覺醒的人，就是初心還在的人。初心還在的人所追求的只是生命的意義與目的，所在乎的只是生命價值的實現，其他的都只是俗物，都只是濁物，都只是鏡花水月，都只是夢幻泡影。

《易經》復卦的義理，強調「復見天地之心」，「天地之心」其實就是人的本心，人的初心。本心容易迷失，必須隨時隨地提高警覺，如果迷失的還不遠，就還有找回的可能性，所以復卦第一爻說：「不遠復，无祇悔，元吉。」「不遠復」指本心迷失的還不遠，應該即時找回來，叫做不遠復。「不遠復」，有不遠而復的意思，「復」是恢復的意思。

心靈隨筆

兌卦

☱

兌，亨，利貞。

人生最快樂的事，是明白人生的道理。

旅行中的人

描述人生，西方用一句話就講完：「旅行中的人」。人生數十寒暑，稍縱即逝，轉眼成空，類似西方對人生的形容。古代中國人大禹也說：「生者寄也，死者歸也。」大禹所說的「寄」，也就是旅行的意思。

詩仙李白也說：「夫天地者，萬物之逆旅；光陰者，百代之過客。」是「逆旅」而不是「順旅」，表示人的一生即便只是旅行，也不是一趟順利的旅程，而「過客」更是說明人的一生只是短暫的停留，就像借宿幾晚而已。

莊子說：「人生如白駒過隙。」，惠子說：「日方中方睨，物方生方死。」跟《易經》用旅卦描述人生，有異曲同工之妙。旅卦有「鳥依止山林築巢，及人依止旅舍寄宿」的象徵，而且最後還用「鳥巢被焚毀，旅舍被燒光」來形容人生彷彿夢幻泡影的一場空，真是神來之筆。

回顧萬世師表孔子的一生不也是逆旅不定，漂泊困頓，還曾經一度被譏笑為「喪家之犬」呢！

孔子一生逆旅漂泊，尋找明君，未得重用的旅程，非常符合旅卦的象徵。孔子的一生很像旅行中的人，但他總是甘之如飴，從不怨天，也不尤人，因而成就非凡的道德事業，備受西方學者讚嘆。德國存在主義哲學家雅斯佩斯（Karl Jaspers）將他與釋迦牟尼、耶穌、蘇格拉底（Socrates）四個人，並稱人類歷史上的「四大聖哲」。

心靈隨筆

旅卦 ䷷

旅，小亨，旅貞吉。

人生如白駒過隙。

人生轉捩點的關鍵時刻

人生有許多轉捩點，每個轉捩點都是起點。人生的關鍵時刻往往以「偽裝」的方式出現，可能是最普通的事，也可能是最平常的事，或最不亮眼的事。正因為關鍵時刻的出現，人生突然凝練成嶄新的一頁。

關鍵時刻好像機遇般，悄悄來臨，如何對待？如何運用？《易經》姤卦就是談「不期而遇」的生命哲學，不期而遇有的是好的機緣，具有創造性的契機，有的是壞的因緣，具有破壞性的危機。姤卦就是一種造化的際遇，造化會捉弄人，造化也會成就人，是吉是凶，是福是禍，是得是失，其實多半是吉凶參半。有的人在年輕的時候就走運，有的人到年老的時候才走運。際遇一半操之在自己，一半操之在上天。操之在自己的是智慧，操之在上天的是福氣。人的一生會遇見的所有人事物，到底會有什麼意義，不到時候，沒有人知道。人活一世能不受傷害的有幾個？能躲過傷害的有幾個？重要的是如何看待？如何面對？如何接受？

面對不可預知的機遇，如果是破壞性的，能改變的要用心改變，不能改變的就坦然接受。如果是創造性的，就要好好把握，否則時過境遷，煮熟的鴨子飛走了，就算後悔也於事無補。

心靈隨筆

姤卦 ䷫

姤，女壯，勿用取女。

每個轉捩點都是起點。

謎題的提示在意想不到的地方

人活在世上，遇到不一樣的人，人生可能就會變得不一樣。如果我們是追在蒼蠅後面，我們就會在廁所附近打轉；如果我們是追在蜜蜂後面，我們就可以漫步在花園裡。

不過話說回來，變來變去才是人生的滋味。人生有時候會丟出讓人討厭的謎題，使我們困住在束手無策中，接著在意想不到的地方，卻放著謎題的提示。雖然無法保證按照這個提示去解，就能正確解開謎題，但也只能嘗試去解看看。

人活在這世上，很多時候明知道結果會如何，但還是會去做，或者為了兌現承諾，或者為了某種意義，或者為了不辜負別人的犧牲，所以就只能這樣一直做到看見結果的那天逐漸到來為止。

魯迅曾經說過：「希望本是無所謂有，也無所謂無的，這正如地上的路一樣，其實地上本來也沒有路，都是因為走的人多了，經過一段時間後，路也就自然成形了。」我們人生的路不也是因為我們自己一直走一直走，然後才形成的嗎？

《易經》姤卦談論人生際遇的道理，我們一生所碰到的一切際遇，有些是具有破壞性的，有些是具有創造性的。重點在於我們有沒有足夠的智慧，能夠事先辨別清楚，還是只能盲目的一路走到底，直到謎題揭曉，吞食苦果，再來後悔與懊惱，終究都已經是來不及了。

心靈隨筆

姤卦 ䷫

姤，女壯，勿用取女。

不好的際遇要提早避開。

深藏在內心深處的智慧泉源

智慧深藏在人的內心深處，就像水深藏在地底深處一般。如果能夠像鑿井一樣，鑿出人們深藏在內心深處的智慧泉源，將有助於我們面對現實問題的思考、理解和解決方法。

《易經》井卦就是在講「人的潛能是無限的」。智者立身於紛雜的世上，就像有日月火炬的光照一般，能深察人心的真相，洞見事物變化的本源，準確掌握變化的關鍵，有效的籌劃出各種應對的良策。相反的，愚者立身於紛雜的世上，就像行走於漆黑無光的曠野一般，必然動輒跌倒在地，最後墜入萬丈的深淵而粉身碎骨。

《阿含經》說：「無明所繫，愛緣不斷，又復受身。」每個人來到世上，今生的最後功課，就是有一天要與自己的肉身告別。台灣美學家蔣勳說：「無明所繫啊，是因為不懂，所以要一次一次的重來嗎？看不懂，聽不懂，無法思維，以為懂了，並沒有懂，只是在巨大的『無明』中，一次一次的重來，做沒有做完的功課。」這就是人生最重要，也是最後的功課。

做為存有者（beings）的人，如果不去理解自己存在的可能性，不去把握自己存在的潛力，那麼人生注定將是白活一場。因為沒有理解的生命是沒有意義的，希臘聖哲蘇格拉底說：「不經反省的人生，是不值得活的。」蘇格拉底所說經過「省思」的生命，也就是二十世紀哲學家海德格所說經過「理解」的生命。

心靈隨筆

井卦 ䷯

井，改邑不改井，无喪无得，往來井井，汔至，亦未繘井，羸其瓶，凶。

人的潛能無限。

大鵬南飛的啟示

所謂「人生」，是用開放的態度，迎向著不可知的未來。因為死亡而消失的個別生命，正是生物本質的具體象徵。

人類因為壓抑自己的肉體本性，以致於產生對死亡的特別恐懼。人唯有終止「想要改變世界」的想法，以及停止「想要避免死亡」這類無法實現的衝動，才能獲得真正的快樂與幸福。

如果我們都是一直穿上社會角色的外衣，有著太多社會性的包裝，我們是不可能快樂的，而且也會讓自己生命的能量不斷的發散。如果我們願意回到生命原先的狀況，不只我們可以得到快樂，而且我們生命的能量也能凝聚。

莊子〈逍遙遊〉大鵬南飛的啟示：

一、人的生命可以轉化與提升鯤魚變成鵬鳥，怒而飛上達九萬里高空，享受真正的自由翱翔，就是象徵人生命的轉化與提升。

二、從黑暗走向光明的選擇，《易經》離卦為光明，為南方，所以說「大鵬南飛」是從黑暗走向光明的象徵。光明是表徵智慧覺悟後的狀態，能讓人心靈獲得安頓。

三、不必理會沒有見識的批評與嘲諷，蜩與班鳩的見識有限，活在既定的生存環境。何必要求蜩與班鳩能理解或欣賞大鵬鳥南飛的志趣與功夫境界。

莊子的大鵬南飛寓言，暗喻人要有追求智慧覺悟（光明）的信念與決心。

心靈隨筆

離卦 ䷝

離，利貞，亨，畜牝牛吉。

人要有追求智慧覺悟的信念與決心。

解除必要性

《易經》蒙卦有「蒙蔽」與「啟蒙」的雙重意涵，不只是新生的生命會有蒙蔽，需要啟蒙，所有的人，只要是人，在生命過程中的某一個階段，或某一個情境，都有可能蒙蔽而需要啟蒙。

「蒙」字是蔓草附木而生，遮蔽視線之象，向前望去一片迷濛，根本看不清楚。既然看不清楚，就不知道要往哪裡去才是對的方向，因此需要「啟蒙」。

人生如果不認識自己，辨不清環境，如何知道什麼才是自己真正需要的，如何知道自己所需要的，現實環境的資源是否可以供應。《孫子兵法》說：「知己知彼，勝乃不殆；知天知地，勝乃可全。」真是一語中的。

「啟蒙」的重點在於啟發蒙蔽者的創意思考，而不是只給予答案，孔子在《論語》中說：「不憤不啟，不悱不發，舉一隅而不以三隅反，則不復也。」《禮記・學記》也說：「善待問者如撞鐘，叩之以小者則小鳴，叩之以大者則大鳴。」

《易經》占筮是為了解決疑問，人在陷入疑惑迷濛時，正是蒙卦的情境，為了求得善解，占問者必須正心誠意，心思純淨，天人互動的線路才能連上，得到問題情境解答的相應卦象。如果心不誠意，心不純淨，不合己意，一再占問，已經是對易道的褻瀆，再得到的卦象，也已失去參考的價值，所以蒙卦卦辭說：「初筮告，再三瀆，瀆則不告，利貞。」就是這個意思。

啟蒙的方法應該像太極般，《易經》啟蒙的方法有「包蒙」與「擊蒙」兩種。包蒙像菩薩慈眉，擊蒙像金剛怒目。包蒙為柔，擊蒙為剛，兩者應該相輔相成，剛柔並濟，有時包蒙，有時擊蒙，包蒙為主，擊蒙為輔。

因為金剛怒目不如菩薩慈眉，但如果蒙昧者迷失太深，已經冥頑不靈，初步還是要使用擊蒙的方法，來個當頭棒喝，才能使蒙昧者稍稍清醒，繼而用包蒙的方法，耐心引導，才能從內心真正覺悟而脫胎換骨。

《說文解字》說「教」從孝從攴，攴音撲，是小擊、治事的意思，所以「教」是上施下效的意思。《說文解字》說「學」字為斆，從學從攴，是覺悟的意思，所以「學習」必須是內心真正的覺悟，而非只是外在行為的模擬或複製，這就是《易經》所說的「大人虎變」，既洗心又洗面，成語的「洗心革面」就緣自於此。

讓「教」與「學」產生關聯的元素是「必要性」，在生命的過程中，人只要尚未覺悟，就有學習的必要性，而教學的終極目標是「解除必要性」。教者不需要教，學者不需要學，就是解除必要性。用佛學來說就是：「自覺，覺他，覺行圓滿。」「覺行圓滿」就是「解除必要性」。用儒學來說就是：「己立，立人」，「己達，達人」，「成己，成物」，然後解除必要性。用諮商學來說就是：自助，助人，解除必要性。達到解除必要性的境地時，教與學的關聯就結束，蒙蔽與解蔽的關聯就結束。

心靈隨筆

蒙卦 ䷃

蒙，亨，匪我求童蒙，童蒙求我。初筮告，再三瀆，瀆則不告，利貞。

只要是人，在生命過程中都有可能蒙蔽而需要啟蒙。

功夫境界

老子對於「功夫境界」說：「孰能濁以靜之徐清？孰能安以動之徐生？」「濁以靜之徐清」是靜的功夫，「安以動之徐生」是動的功夫。《易經》艮卦的卦義是「止」，是「靜」，但艮卦中含藏震卦，震卦的卦義是「行」，是「動」，所以「艮止」、「艮靜」中，亦潛藏有「震行」與「震動」的意涵。換句話說，艮卦的精髓是「動靜兼備，進退自如」，與老子「濁以靜之徐清，安以動之徐生」的動靜兼具道理，可謂異曲同工。

孔子習《易》心得最能與伏羲和文王相感相應，所以《彖傳》中，孔子解讀文王對艮卦卦辭的精義時說：「時行則行，時止則止，動靜不失其時，其道光明。」在《文言傳》中，孔子又說：「知進退存亡，而不失其正者，其唯聖人乎！」這與老子說的「孰能濁以靜之徐清，孰能安以動之徐生。」真是前後輝映，文而成章。孔子與老子兩位聖人，可謂深得太極陰陽剛柔玄德的奧義，因而分別成為儒道兩家的宗師。

「自由」與「逍遙」的意義容易混淆，自由是外在的，逍遙是內在的。自由是政治的，是社會的，是經濟的，逍遙是心靈的。不受外在規範的制約叫做自由，心境自在無礙叫做逍遙。人如果一直執著於追求流行，追求時尚，追求名利權勢，就不自由了。反之，如果擁有最高度的選擇能力，知道如何斷捨離，心境就逍遙了。由此看來，逍遙才有功夫境界的意涵，唯有心靈的逍遙，才能成為自己生命的主人。

在做學術研究時，理當廣泛涉獵各種相關的知識，但在做功夫修練時，則宜一門深入，因為不同的系統其實無法融合無間。例如西醫是「辨病論治」，中醫則是「辨證論治」，方法論截然不同，如何整合？學武功也是一樣的道理，一門深入，爐火純青，自然能出神入化。若同時學各種不同派別的功夫，可能會相互干擾，結果是樣樣通，樣樣鬆，無法成為高手，遑論成為大師。

心靈隨筆

艮卦 ䷳

艮其背，不獲其身；行其庭，不見其人。无咎。

唯有心靈的逍遙，才能成為自己生命的主人。

如何避免井底之蛙的困境

孟子說：「孔子登東山而小魯，登泰山而小天下。」孟子藉此比喻人的內心境界愈高，眼界就會愈開闊，愈能避免井底之蛙的困境。

人的內心境界的提升，需要腳踏實地的，逐步累積深厚功力，就像孟子說的：「日月有明，容光必照。」太陽與月亮的發光，即使一點點的隙縫都會照到。

《易經》漸卦就是在談功夫修練，向上提升的次第，由初六的第一個爻，到上九的第六個爻，一步一步努力向上提升，到了上九才達到最高境界，所以爻辭說：「鴻漸于逵，其羽可用為儀，吉。」「鴻漸于逵」的「逵」是「雲路」的意思，表示鴻鳥已經高飛上青天，四通八達，逍遙自在。鴻鳥的羽毛可用來編織舞具，能作為編織舞具的羽毛應該純而不雜，就像修練已達巔峰境界的人一樣，心地純粹，一心不亂。

心靈隨筆

漸卦

漸，女歸吉，利貞。

人內心境界的提升，需要腳踏實地，逐步累積深厚功力。

觸類旁通的相錯關係

《易經》需卦與晉卦是相錯的關係，需卦卦象結構六爻全變成晉卦，晉卦卦象結構六爻全變成需卦。「相錯」在《易經》術語的使用上，有兩個意思，一個表示兩卦性質截然相反，一個表示兩卦之間存在著觸類旁通的關聯性。

需卦重視物質需求，晉卦講究精神提升，或民權提升。在卦序的排列上，需卦是排在上經的第五卦，晉卦是排在下經的第五卦，這是沒有刻意的巧合？還是有意義的安排？上經重天道自然，下經重人事修為。需卦在前，晉卦在後，剛好前後對照，有天人相應的深刻意涵，同時也有「衣食足而後知榮辱」的味道。所以，談論政治改革或民權提升，必須以經濟繁榮，生活富足為前提，才有成功的可能性。

晉卦的卦象是旭日東升，若從個人心性修練的角度來說，就是透過「致良知，明明德」的功夫，將我們與生俱來的天賦善性充分展現出來，然後再去導民化民，共臻「止於至善」的境地，這就是儒家「己立立人，己達達人」的意思。

心靈隨筆

晉卦 ䷢

晉，康候用錫馬蕃庶，晝日三接。

透過「致良知，明明德」的功夫，將與生俱來的天賦善性充分展現出來。

了不起的處世高級功夫

孔子在《易經．繫辭傳》中按照六十四卦的前後次序，挑選出九個與「修德」有關的卦，分別為履卦、謙卦、復卦、恆卦、損卦、益卦、困卦、井卦、及巽卦。

孔子對第七德困卦詮釋說：「困，德之辨也。」意思是說，當一個人處於困境時，才能分辨德行的真偽與高低。在《論語》中，孔子也說：「君子固窮，小人窮斯濫矣。」「窮」常常與「困」連結在一起，困則窮，窮則困，可見孔子的思想脈絡前後一致，一以貫之。

君子的修為境界在面對困境時展現無遺，能夠堅守心志，不因窮困而動搖，這是長期修德的結果，非一朝一夕可成。孔子稱讚困卦的表現為「困窮而通」，在窮困中不借外力，而內心能通達。孔子又稱讚困卦的具體效應是「困以寡怨」，君子困窮而能通達，自然可以減少怨恨，這是困的真功夫。

另孔子對第九德巽卦詮釋說：「巽，德之制也。」巽卦在自然現象是風，風的特色是無孔不入，有「隨順」的意思。巽卦在人的身相上是「股」，股自己不會動，是隨著小腿的動而動，也是隨順的意思。就是因為巽卦有隨順的意思，才能因時、因人、因地而制宜，這是孔子說巽卦是「德之制」的「制」的意涵，「制」即是「制宜」。

接著，孔子稱讚巽卦的表現是「巽稱而隱」，「稱」是恰到好處的意思，「隱」是隱微，不露痕跡的意思。「巽稱而隱究」就是說一個人可以表現的恰到好處，又能不露痕跡。孔子又稱讚巽卦的具體效應為：「巽以行權」，一個人能夠有隨順的特質，自然能靈活權變，無入而不自得，這是了不起的處世高級功夫。

心靈隨筆

巽卦 ䷸

巽，小亨，利有攸往，利見大人。

一個人能有隨順的特質，自然能靈活權變。

後會有期與不期而遇

如果是事先約定時間而見面的稱為「會」，所以說：「後會有期」。如果沒有事先約定時間而見面的稱為「遇」，所以說：「不期而遇」。

《易經》六十四卦中有一個不期而遇的卦，叫做姤卦，「姤」就是邂姤的意思。人的一生當中，會遇到什麼人，會遇到什麼事，實在很難預料，常常是隨機巧遇，或隨時碰撞。好的相遇與壞的相遇，結果大異其趣。姤卦運用在男女關係上，就是俗稱的外遇。文王在姤卦的卦辭上說：「女壯，勿用取女」，明確反對不正常男女關係的遇合與發展，因為這種關係大部分都是悲劇收場，這是一種見微知著，思患預防的憂患意識下的觀點。

姤卦在卦辭中主要強調破壞性，但在《彖傳》中，孔子除了肯定姤卦的破壞性外，又拉高視野從另一個角度強調姤卦的創造性。不期而遇有時候也是一個貴人相助的契機或機遇，好好把握也能創造人生的另一番風景。

人生的際遇真是奧妙，稍縱即逝，吉凶禍福及是非成敗，重點還是在於個人當下的判斷與選擇。該避的要知道避掉，該抓的要能夠抓住，當中的拿捏靠的完全是個人的經驗與智慧，高低虛實當下立判。

心靈隨筆

姤卦 ䷫

姤，女壯，勿用取女。

人生的際遇稍縱即逝，重點還是個人當下的判斷與選擇。

缺點來自於性格而決定了命運

人的缺點常常是來自於性格，而決定了命運。所以孔子說：「人之過也，各於其黨，觀過，斯知仁矣。」「各於其黨」意思是來自於個人的性格，整句話的意思就是說人的缺點過失，是來自於個人的性格，觀察自己的性格，才能知道如何明確配合自己的性格，走自己比較適性的人生道路。有西方孔子之稱的蘇格拉底，認為人生第一要務是認識自己，認識自己也就是了解自己的性格。老子也說：「知不知，上；不知知，病。夫惟病病，是以不病。聖人不病，以其病病，是以不病。」有道的聖人之所以能夠沒有缺點，那是因為他正視自己的缺點，非常認真的把缺點當作缺點。正因為他把自己的缺點當作缺點，所以才會有改變的可能，最後也才沒有缺點。

人活在世上，總會有種種的遭遇，有的遭遇帶來機會，有的遭遇帶來危險。這些遭遇我們通常會稱他為「命運」，面對人生不可測的遭遇，儒道兩家有不同的思考。

「遭遇」是不得已的客觀條件組合，但是個人先天的性格與和慣性的情緒態度，往往決定了遭遇的吉凶禍福方向。儒家孔子的弟子子夏說：「君子敬而無失，與人恭而有禮，四海之內皆兄弟也。」這是儒家式的思考，以「禮」的態度來對待生命中的遭遇，而「禮」的內涵是「理」，所謂「有理走遍天下，無理寸步難行。」而莊子面對生命遭遇的態度是「知其不可而安之若命」，老子則以「道」的思考，來對待萬事萬物的變化。吉凶、得失、成敗、禍福、好壞，都是相對的變化，是條件組合下的必然結果，所以老子說：「天網恢恢，疏而不失。」宇宙間一切人事物都是一環扣一環，環環相扣，形成天羅地網，在固定能量的相互撞擊下，必然會有固定的結果，而這就是萬物包括人無法逃脫的命運。

所以，面對不好的遭遇，若能用「道」的自然態度去對待，所謂「一期一會」，凡事過去就算了，彷彿過眼雲煙，船過水無痕般，什麼都沒留下。蘇東坡受到道家思想的薰陶，對於人生的遭遇，通常能豁達以對，在他的散文〈超然臺記〉中說：「凡物皆有可觀，苟有可觀，皆有可樂，非必怪奇偉麗者也。」皆有可觀，皆有可樂，就能欣賞，就能珍惜，坦然面對生命過程中所有的變化。

人的情緒主要來自於性格，加上後天環境的影響。儒家《中庸》一書將人的情緒主要歸結成喜、怒、哀、樂四種。而道家莊子更將人的情緒區分的更為精細，有喜、怒、哀、樂、慮、嘆、變、慹、姚、佚、啟、態十二種。「慮」是指未來的焦慮，「嘆」是指過去的懊惱，「變」是指現在的反覆，「慹」是指內心的執著，「姚」是指心態的輕浮，「佚」是指態度的放縱，「啟」是指情欲的啟動，「態」是指忸怩作態。

對於自己喜、怒、哀、樂、慮、嘆、變、慹、姚、佚、啟、態這十二種情緒的變化，如果沒有充份的認識，又沒有在做修練或調控的功課，那麼一生的命運或遭遇，就完全沒有轉化的可能。所以，明朝哲學家王陽明才會有感而發的說：「破山中之賊易，破心中之賊難。」這一句話。

《易經》節卦的卦象有水庫量入為出，隨時調控的義理內涵。人的情緒隨著外在情境或環境的變化，總會起伏不定，甚至失控。節卦啟示世人，認識自己與環境的交互影響，知道如何做適當的調控，就像水庫的存量與流量的平衡道理一樣，出入之間應隨時監控與調節，才不致於讓自己的缺點因為失控而吞噬了自己。

心靈隨筆

節卦 ䷻

節，亨。苦節，不可貞。

認識自己與環境的交互影響，學習做適當的調控。

從喪心走到病狂

心為主，身為從，身心既是主從的關係，也是聯繫的關係，老子說：「載營魄抱一，能無離乎？」凡是不可分割的就稱為一。營為心，魄為身，身心不可分離，身心一旦分離，失去均衡，健康馬上就會亮起紅燈。

《易經》咸卦九四爻辭說：「憧憧往來，朋從爾思。」也是在談心的浮躁不定。孔子發揮他的一致之道，在《繫辭傳》裡說：「天下何思何慮？天下一致而百慮，殊途而同歸。」一致就是專心一致，心無旁騖的意思。損卦六三爻辭說：「三人行則損一人，一人行則得其友。」孔子在《小象傳》裡解釋為「言致一也」。咸卦與損卦是相錯的意思，咸卦重感情，損卦重理性，人的感情與理性在生命的過程中需要學習保持均衡發展的狀態，不可偏執其中的一端，也是致一的意思。老子強調得一即生，孔子闡明致一，兩位聖人所言，可謂異曲同工。

《易經》睽卦初九爻辭說：「悔亡，喪馬勿逐，自復，見惡人，无咎。」所謂

「心猿意馬」，喪馬象徵喪心，逐指逐欲。頤卦六四爻辭即說：「虎視眈眈，其欲逐逐。」因為逐欲不止，而喪失了本心。睽卦上九爻辭說：「睽孤，見豕負塗，載鬼一車，先張之弧，後脫之弧，匪寇婚媾，往遇雨則吉。」若說睽卦初九是喪心、那麼睽卦上九就是病狂了，從喪心一路走到病狂，稱為「喪心病狂」。

若要避免睽違乖離而導致喪心病狂的悲劇，那麼在睽卦開始時就必須「自復」，自復的「復」即復歸自己的本心，不要再喪心與逐欲，這就是孟子所謂的「學問之道無他，求其放心而已矣。」放心就是放失的心，只有自己能把自己放失的本心找回來。

心靈隨筆

睽卦 ䷥

睽，小事吉。

找回自己的本心，不要再喪心與逐欲。

惡心與煩惱相伴而生

為什麼善人會經常感到煩惱痛苦，而惡人卻活得好好的呢？其實如果一個人的內心修練已經到達沒有任何惡念的境界，那麼這個人的心靈是純粹的，一個內心純粹的善人，煩惱與痛苦就不會近身。這樣的說法乍聽之下有些荒謬，其實是再公平不過了。換句話說，自認為自己是善人的，未必是真正的善人。反之，被我們認定是惡人的，也未必是真正的惡人。所以老子說：「天下皆知美之為美，斯惡已。皆知善之為善，斯不善已。」老子認為美與醜，善與不善都是相對的概念，是在我們認知的基礎上的一種主觀的價值判斷。

一般而言，所謂「惡心」包括貪念、欲求，嫉妒、傲慢、愚痴、瞋恨、偏執、自私、佔有、短視……等等，這些都是惡心。惡心與煩惱痛苦是一體的兩面，同時俱生，《易經》稱為「綜卦」。如果我們能將惡心徹底洗滌乾淨，變成清淨心，那麼煩惱與痛苦就會自動煙消雲散。

所以，做為一個人，最好能學會用歡喜與知足的心態來自處處人。因為人的快樂與否，不是完全取決於外在的財富、名利、權勢，而是取決於自己的心境和態度。真正的善人在消極面，能夠做到「人餓己餓，人溺己溺」；在積極面能夠做到「己立利人，己達達人」。一個傲慢與貪求的人，在事與願違的挫敗後，總是比別人更覺得失落與痛苦。一個內心純粹的善人，知道如何從自己內心深處，來培養虛懷若谷的胸懷，同時心甘情願將自己放在謙卑的位置，《易經》稱為謙卦，這樣的人內心自然能感到充實和安樂。

我們若能透過讀經悟道，真正懂得萬事萬物都是由因果與因緣所產生的，內心才能明亮，知道如何取？如何捨？唯有如此，生命才能從黑暗走向光明，從貪求走向安樂。因為虛空能夠包容一切，所以廣大無邊，因為大地能夠承載一切，所以氣象萬千。以人學天，就必須向大自然學習。

一個人活在世上，不要隨隨便便就對別人做評價，貼標簽，因為人每天都在動態發展與變化中，有時候善，有時候惡，《易經》稱為「變卦」。如果我們的心胸能夠修練到像虛空一樣包容萬物，沒有惡心，也就沒有煩惱與痛苦。《金剛經》強調「善護念」，要我們隨時隨地觀照自己的起心動念，就是這個道理。

心靈隨筆

謙卦 ䷎

謙，亨，君子有終。

隨時隨地觀照自己的起心動念。

「謙」與「履」是禮的一體兩面

《易經》大壯卦的卦象組合是下卦乾卦，上卦震卦。乾為天，為剛健，震為雷，為動。所以，大壯卦的卦象所顯示的卦義就是剛以動，是一種剛強式的行動，容易與人產生衝撞及衝突。

豫卦的卦象組合是下卦坤卦，上卦震卦。坤為地，為柔順，震為雷，為動，所以，豫卦的卦象所顯示的卦義就是柔以動，柔順的行動，是一種順水行舟，順其自然的行動，可以避免與人產生衝突。

同樣是行動，用剛與用柔的後遺症完全不同。「禮」與「樂」是中國古代王道政治的兩大核心措施，禮道是外在的行為規範，樂道是內在的心性陶冶。

禮相當於《易經》的履卦及謙卦，「謙」與「履」是禮的一體的兩面，謙是禮的精神的內化，履是禮的行動的實踐。一個人內心謙虛，而且外在有符合規範的行為表現，才是真正禮的意義與效果。

樂道相當於《易經》的豫卦，以娛樂及音樂來陶冶心性與性情。西周末期就是因為天子失德，禮壞樂崩，才進入春秋戰國的亂世。孔子承禮啟仁，重新建構仁道的精神，孟子繼而擴充仁道為仁義之道，但因為諸侯爭霸，王道思想不符合時代的需求，因此孔孟儒家的王道思想不敵可以稱霸的法家霸道思想。

心靈隨筆

豫卦 ䷏

豫，利建侯、行師。

同樣是行動，用剛與用柔的後遺症完全不同。

什麼是儒家所標榜的君子風度

世事紛紜複雜，千變萬化。世間的事沒有一件回得去，也沒有一件過不了。時間終究會將一切的人事物，都掃入歷史堆中。

所以重要的是當下，我們知道如何鑑別什麼是君子風度嗎？孔子說：「君子無所爭，必也射乎！揖讓而升，下而飲，其爭也君子。」比賽前互相行禮，比賽後相互致敬，才是君子應有的風度。

看來得失心太重的人，很難表現可敬可佩的君子風度。古代有「禮」的節制，君子風度比較能約定成俗，現在是多元社會，是展現個性的時代，沒有原則，沒有禮制，沒有典範，沒有道德，沒有標準，很容易自是而非他，自以為是。

孔子將禮賦予內在的精神意涵，稱為「理」，禮是外在的形式規範，理才是內在的精神依循。禮與理是一體的兩面，互為表裡，相輔相成，這樣的道理在《易經》稱為履卦。履有禮、理、實踐三個意涵。君子非禮不做，無理不做，是人生實踐非常重要的原則。文王對履卦的詮釋是：「履虎尾，不咥人，亨。」人生行事必須如履薄冰，戰戰兢兢，就像走在老虎的背後，一不小心，可能就被老虎轉身咬死。反之，若能戰戰兢兢，如履薄冰，就能避免被老虎咬死，當然是亨通無礙。文王「履虎尾，不咥人，亨。」的詮釋，就是奉行禮與理而實踐的履卦精髓。

儒家雖然著重社會的和諧，但也同時強調做人做事必須要有原則，原則的依據是什麼？儒家的觀點是「道義」。「道」與「義」各有不同的意涵，道是人類應該走的光明正路，義是個人應該遵從的合宜信念。所以孟子引用孔子的話說：「自反而不縮，雖褐寬博，吾不惴焉？自反而縮，雖千萬人吾往矣。」「褐寬博」是指穿著粗布衣的平民百姓。「惴」，是指害怕的樣子。「縮」，是指正直，合於義理的意思。如果自我反省，覺得理曲，不符合義理，那怕是面對穿著粗布衣的平民百姓，我能不懼怕嗎？如果自我反省，覺得理直，符合義理，那麼即使面對千軍萬馬的阻撓，我也要勇往直前，這就是儒家具有深刻意涵的原則，絕對不是主觀而非理性的價值判斷。

孔子就是君子的典型，整個儒家思想的重心就是要展現君子的人格特質與風度，而且相信每個人都有成為君子的可能。因此儒家修德的三部曲就是：一、相信自己可以成為君子。二、自己必須努力成為君子。三、在自己成為君子的同時，也要幫助他人成為君子。

君子是《易經》乾卦《大象傳》所說的：「天行健，君子以自強不息。」以及坤卦《大象傳》所說的：「地勢坤，君子以厚德載物。」自強不息加上厚德載物，也就是曾子所說的：「士不可不弘毅，任重而道遠。」「弘毅」兩個字真正的意涵。「弘」是坤卦厚德載物的意思，「毅」是乾卦自強不息的意思。

心靈隨筆

履卦 ䷉

履虎尾，不咥人，亨。

人生行事必須如履薄冰，戰戰兢兢。

養生之道貴在動靜密合

《易經》有一個談養生之道的卦，叫做頤卦。頤卦的卦象像人的一張口，口可以用來飲食，也可以用來說話。所謂「病從口入，禍從口出」，飲食和說話的重要性可見一斑，所以孔子在頤卦的《大象傳》說：「君子以慎言語，節飲食。」說話要謹慎，飲食要節制，是養生之道的關鍵。

頤卦卦象有大腹之象，腹中有脾胃，有丹田，脾胃管飲食，牽涉養身；丹田管呼吸，牽涉養心。養身與養心都是屬於養生的範疇，如果就人的生命結構來看，除了養身與養心外，還要包括養靈。

頤卦卦象的結構下震上艮，有動有靜，也與養身在動，養心在靜的頤養正道若合符節。養生之道貴在動靜密合，當動則動，當靜則靜，精不妄動，氣不外放，神不外遊。

人身有三寶，耳、目、口為「外三寶」，精、氣、神為「內三寶」。外三寶容易追逐外物，使得內三寶連帶跟著逐物外遊，這是養生之道最難把持的地方，也是考驗是否有真功夫的方法。

頤卦卦象的卦中卦為坤卦，坤為柔，為順，所以養生講究自然養生，上九爻說：「由頤，厲吉，利涉大川。」正是養生大功告成的境地。由頤的「由」，在造字的意含上，正是田中作物順勢上長，自然而然，水到渠成的樣子。孔子詮釋為：「由頤厲吉，大有慶也。」既已大功告成當然值得慶祝。

《易經》的專門術語，獨樂稱「喜」，眾樂稱「慶」。聖人負有養賢、養民之責，也是頤卦的內涵之一。田中作物順勢上長而豐收，聖人養民、養賢的大功足以告成，當然值得舉家同慶，孔子一向重視救世濟民，所以詮釋為：「由頤厲吉，大有慶也。」因豐收而普天同慶。

心靈隨筆

頤卦 ䷚

頤，貞吉，觀頤，自求口實。

說話謹慎，飲食節制，是養生之道的關鍵。

生命境界的提升如何可能

既高明又中庸的華夏生命學問，總是同時探討生命的「為什麼」？以及生命的「如何可能」？華夏生命學問穿越時空，縱橫上下左右，交叉而成圓融的十字生命學範疇。

生命境界提升的要領不外智慧與修練的頤養，《易經》稱為頤卦。頤卦的卦象是內動外靜，具有四個意涵：

一、養心在靜，養身在動。

二、頤養之道，動靜密合。

三、靜中養成，動中磨練。

四、在行動中，培養定力。

何謂「靜中養成，動中磨練。」意思是說，一個人在靜中所養成的功夫境界，究竟真實火候與本事如何？必須透過實際行動的實證檢驗，才能確實分判。

明朝著名思想家、哲學家、政治家、兵法家與軍事家的王陽明，以儒者而兼事功，堪稱是自古以來少有的大儒。王陽明是一代心學宗師，他的「心學」精髓是「致良知」三個字，這是融合了孟子的「良知」與《大學》的「致知」與個人悟道的真實體驗而成。王陽明認為達成「致良知」的方法是「知行合一」的實踐，並認為「知行合一」實踐的成功關鍵在於「事上磨練」。王陽明說：「人須在事上磨練，做功夫，乃有益。若只好靜，遇事便亂，終無長進。」事上磨練重在實踐，是活智慧，不是死學問，展現出來的功夫就是動靜都能淡定的禪功。所以「陽明心學」雖名為「心學」，其實是道道地地的「實用哲學」，或稱「行動學」。人只有經過不斷的在事上磨練，才能實現自我超越，使個人的生命境界往上提升。

王陽明對於事上磨練的核心要義，做了扼要的歸納，王陽明說：「未有知而不行者，知而不行，只是未知。」可見王陽明的「知行合一」的行動精髓是「即知即行，知就是行，行就是知。」很顯然是受到經典之王《易經》太極思維的啟發，知行的陰陽是一體的兩面，同時俱生。《易經》象徵資源豐盛、格局豐大的「豐卦」，卦象是內明外動，意義也就是知行合一，配合無間，這是成就豐盛、豐大格局的關鍵奧秘。華夏內動外靜、知行合一的太極思維觀點，非常符合二十世紀才流行的西方行動學的學說要旨。

行動學與行為科學不同，行動學又稱為「實用哲學」，名詞是由法國哲學家路易布多（Louis Bourdeau）首先創立，當代大師則是波蘭哲學家科塔賓斯基（Tadeusz Kotarbinski）。行動學研究的對象是有目的的行動，以及如何用最有效和最合理的方式來達到目的的方法論哲學。換句話說，行動學著重在行動的具體性與效果性，也就是人應「如何」行動才是最有效的方式。而行為科學關注的是行為本身，以及「為何」有這種行為的理由。換句話說，行為科學是著重在探討行為背後的真實動機。

從行動學與行為科學的對照，我們可以清楚的認知到「陽明心學」類似現代的行動學。兵聖孫子堪稱是人類行動學的先驅，而大儒陽明先生則是後起之秀，與孫子對照，各有千秋，各擅勝場，大儒陽明先生在文治事功的具體表現毫不遜色，而且是自古以來少有的大儒。

孫子認為高明的將帥，胸有韜略，令人神妙莫測，稱為「神」。能洞燭機先，察人所不能察，知人所不能知，稱為「明」。一個已經達到神妙莫測與洞燭幾微，具有

「神明」能力的將帥，還有對手敢與他抗衡嗎？還有敵人敢與他爭勝嗎？

高明的將帥是不待敵人發兵，就先將其消滅，不待禍犯產生，就先將其消弭，不待戰爭發生，就已贏得戰爭，孫子稱為「不戰而屈人之兵」，或「不戰而勝」。達到這種韜略境界的人，必然也是生命境界很高的人。

心靈隨筆

頤卦 ䷚

頤，貞吉，觀頤，自求口實。

人不斷在事上磨練，才能實現自我超越，使生命境界往上提升。

不知變通的守信也會招來災厄

《易經》經文中常見「孚」字，是表示誠信的意思。「誠」字從言，從成，表示言成為誠。「信」字從人，從言，表示人言為信。

為人處世誠信最重要，是否誠信？不只看怎麼說？更要看怎麼做？如果心口不一，言行不一，何來誠信？必須言成真，行合道，方是誠信的真諦。「孚」字加上一個「中」字，表示誠信要合於中道，亦即要合於「時宜」。

《易經》中孚卦談誠信的義理，上九爻說：「翰音登于天，貞凶。」意思是說若主客觀條件都已經發生變化，當事者卻仍執意信守當初的承諾，過度在乎誠信的虛名，而不知變通，也會招來災厄，這就是「貞凶」的義理內涵。「貞」是固守的意思，也是正的意思。如果昧於主客觀條件的變化，太過堅持原則而不知變通，就會有因正而凶的「貞凶」的結局。

孔子說：「言必信，行必果，硜硜然，小人哉。」又說：「君子之於天下也，無適也，無莫也，義之與比。」孟子更直說：「大人者，言不必信，行不必果，惟義所在。」有子也說：「信近於義，言可復也。」孔子、孟子、有子三人所說關於誠信的道理非常接近。

這幾句話中的關鍵，都在於一個「義」字，「義」是「時宜」的意思。「復」是實踐約定的意思。誠信很重要，但仍應考量「義不義」，亦即「宜不宜」，不是冥頑不靈，完全不知變通的守信。

心靈隨筆

中孚卦 ䷼

中孚，豚魚吉，利涉大川，利貞。

誠信很重要，但仍應考量「宜不宜」，切勿不知變通的守信。

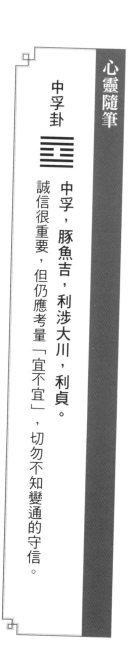

堅持原則和選擇從眾之間的掙扎

人生在堅持自己原則和選擇從眾之間的抉擇有時候真的很難，放棄原則等於放棄自己許下的內心承諾，但是人活在世上，有時候會面臨許多特殊的情況，需要我們向自己的原則妥協，如果絕不妥協，會顯得不近人情，也不符合實情。

但如果屈服而破例放棄原則，難道會是下不為例的最後一次嗎？答案肯定不是，因為一旦放棄自己內心承諾的原則，其實就代表已經沒有原則了，原先自己所設定的原則已經被自己打破了。

當然放棄原則也不代表一定是錯誤的決定，它的影響其實不在實質層面的得失，而在心理層面輕易妥協的結果，將會帶來後續不斷的妥協，最後讓自己在內心深處，成為一個輕諾而寡信的弱者。打敗自己的不是選擇性從眾這件事，而是自己內在許諾與承諾所建構的神聖殿堂倒塌了。

《易經》對於正道的堅持稱為「貞」，所以有「貞吉」的占斷辭。當然堅持原則也不一定就是寧折不彎的意思，自我覺察的重點必須回頭檢視原則制定的時空背景是什麼？為什麼要對自己做這樣的內心承諾？這個原則對自己的意義到底是什麼？他的道德價值何在？唯有對上述的問題重新進行釐清和評估，原則的堅持與妥協之間，才能找到一個較佳的平衡點。

所以《易經》不只多數都說「貞吉」，也有少數說「貞凶」。到底是貞吉還是貞凶，關鍵在於「貞」的內容是什麼？符不符合主客觀條件的改變？這是自己所堅持正確的信念和價值嗎？唯有真誠面對自己，不自欺，不逃避，才能從內心找到真正的答案。

《易經》對於好的原則能百分之百堅持，叫做「貞吉」，若是迂腐不合時宜的原則，仍頑強百分之百堅持，叫做「貞凶」，《易經》之所以非常講究「時中」，深刻的意涵就在於此。

中庸之道就是用中之道，中不中在於時宜。「宜」是時宜，合理適當的意思，「時宜」就有「時中」的意思。這個「中」是活的中，不是死的中，活的中是動態的，是與時俱進的，是靈活權變的，是恰到好處的，不會過也不會不及。例如《易經》談誠信的中孚卦，上九說：「翰音登于天，貞凶。」就是因為聲聞過實，名實不符，言不由衷，所以不能「貞吉」。孔子詮釋說：「翰音登于天，何可長也。」偽君子的聲名是不會太長久的。

心靈隨筆

中孚卦 ䷼

中孚，豚魚吉，利涉大川，利貞。

真誠面對自己，不自欺，不逃避，才能從內心找到真正的答案。

《易經》「敬慎不敗」的義理精髓

孔子說：「躬自厚，而薄責於人，則遠怨矣。」「躬」是指自己，「躬自厚」是指對自己的要求要多，「薄責人」是指對別人的要求要少，也就是俗語所說的：「嚴以律己，寬以待人。」的意思。

我們人常常會犯一個毛病，就是用自己的標準去看待別人，去要求別人，而引來一些不必要的紛爭、埋怨、衝突、糾結。所以，儒家講究自律，要求自己，但對別人則寧可寬容一些，只要不超過底線即可，否則交朋友也就沒有什麼意義了。

為什麼不能超過底線？因為交朋友的好處在於以友輔仁，如果朋友已經太過了，那就不能只是寬容而已，必須委婉勸說，加以導正。《易經》小過卦強調人生做人做事要敬慎，《彖傳》說：「小者過而亨也」，意思是說有了過錯，要利用矯枉過正的方法，才能求得通達。小過卦六爻沒有一個吉，因為積小過而不改則成大過，小過的卦中卦，也就是隱藏其中的卦象，恰為大過卦。

由此可見，處於小過的情境中必須非常小心謹慎，這也是《易經》「敬慎不敗」的義理精髓。

心靈隨筆

小過卦 ䷽

小過，亨，利貞，可小事，不可大事。飛鳥遺之音，不宜上，宜下，大吉。

積小過而不改則成大過，唯有敬慎才能不敗。

休閒是思想的溫床

在西方有所謂「閒暇是思想的溫床」的說法，在中國南朝出身寒微的劉勰，也有類似的看法。

劉勰的作品《文心雕龍》堪稱是中國古代最有系統，體大而思精的文學評論巨作。劉勰說從事文學創作的時候，應該「從容率情，優柔適會。」換句話說，也就是在從事文學創作的精神活動時，不能太過疲勞緊張，這是攸關形神、身心的生命保養問題。

莊子在《刻意》中，也強調「形勞而不休，則弊。精用而不已，則勞，勞則竭。」形體過分操勞而沒有休息，就會疲倦。精神過度透支而不停歇，就會疲勞，精神過分疲勞，創造力就會枯竭。一個人在體力上、精神上都過度疲勞，也就是形神、身心俱疲時，創造力的源泉就會枯竭，所以西方才會有「閒暇是思想的溫床」的體驗說法。

《易經》頤卦論述形神、身心養生之道，卦象是上艮，下震。艮為止，為靜，震為行，為動，恰為動靜行止的組合，表示養生關鍵在於動靜行止的配合無間，時而動，時而靜，交互協作。

身心要動才不會喪失動能，身心也要靜，才能保全精氣神。頤卦論述形神、身心之養，堪稱精微到位，令人窮於讚嘆。頤卦所論述的道理，基本上也與西方所說的「閒暇是思想溫床」的精神內涵，若合符節。所謂閒暇，真正的意義在於內心的平靜、祥和、與從容，這樣對於我們的精神可以達到溫潤與滋養的無形效果，將會大大的有益於智慧的開啟，與創造力的激發。

心靈隨筆

頤卦 ䷚

頤，貞吉，觀頤，自求口實。

養生關鍵在於動靜行止的配合無間。

憧憧往來的思慮紛擾

《易經》下經闡釋人事，以咸卦無心的感應做為開端。人有情感，有感應，能思考，是人之所以為人的特性。咸卦的外卦是兌卦，「兌」為「悅」，為「說」，表現在外。隨著人的入世漸深，嗜欲習氣的漸熾，必然會障蔽本心，造成許多不必要的傷害。或者害人，或者害己，同時也失去無心感應的固有能力。

咸卦九四爻說：「貞吉，悔亡。憧憧往來，朋從爾思。」孔子在《小象傳》解釋成：「貞吉悔亡，未感害也；憧憧往來，未光大也。」九四爻是心的位置，一般人的思緒容易受到內心欲望及外在環境的影響而紛擾不定，必須澄心靜慮，才能感應而契悟真理。

咸卦六爻全變，產生極大的變化，成為損卦，損卦即是咸卦的錯卦，錯卦有旁通的意涵，也就是說，若咸卦無心的感應做的不好，就會有損失。咸卦的外卦是兌卦，情欲表現在外，損卦的內卦是兌卦，兌卦從外卦轉到內卦，表示必須將情欲內藏，控制情欲泛濫，以免失控釀成災禍，可見孔子將損卦當做是一個修練的卦。

損卦的外卦是艮卦，艮為山為止，有停止情欲泛濫的作用。孔子在損卦《大象傳》說：「懲忿窒欲」，忿怒與欲望是最難掌控的情緒，只能靠懲、窒的管理與修練，才能看到成效。損卦在《易經》中是典型修德的卦，所以孔子在《繫辭傳》中才說：「損，德之修也。」可見孔子是將損卦當做是一個修練的卦。

心靈隨筆

咸卦 ䷞

咸亨，利貞，取女吉。

人的思緒易受到影響而紛擾不定，必須澄心靜慮，才能感應而契悟真理。

真人與真知

莊子在〈大宗師〉篇說：「有真知才能成為真人，成為真人必然有真知。」有真知才能成為真人，是說明成為真人的功夫條件；成為真人必然有真知，是說明真人必有真知的境界火候。換句話說，有真知才能成為真人，談的是功夫理論，真人必然有真知，談的是境界理論。

為什麼有「真人而後有真知」，因為真人是體現天道，活出天生本真的人。《易經》稱為无妄卦，「无妄」是沒有妄念，沒有妄行的意思。什麼是真知？意思是真人之知。真人之知有別於常人之知，常人之知的知，是執著的心知，受困於生死的分別，喜生而怕死。真人之知，是不執著的心知，既能知人，又能知天，所以能超越生死的分別，出入於生死之間，都能泰然自若。

常人之知因外在事物的刺激，而有內在喜怒哀樂的情緒反應。真人之知已經超越世間事物概念的成見，而達到忘我忘物的境界，《易經》稱為艮卦，文王對於艮卦

「忘我忘物」境界的形容是：「艮其背，不獲其身；行其庭，不見其人。」「艮其背，不獲其身」是忘我的境界，「行其庭，不見其人」是忘物的境界。所以真人不會像常人一樣，只要受到外在的刺激，內心隨即有喜怒哀樂的情緒反應。常人因為嗜欲深，受到身心欲望的影響，所以天機淺，無法發揮天生稟賦的領悟能力，而通達於道。真人則相反，因為嗜欲淺，所以能發揮天生稟賦的領悟能力，而通達於道。

有西方近代哲學之父之稱的笛卡爾（René Descartes），從知識的進路說：「我思故我在」，而古代中國的哲人，則從生命的進路說：「我在故我思」。如果套用莊子的哲思，我在或許可以指涉是真人，我思或許可以指涉是真知，所以「我在故我思」就等同前面〈大宗師〉所說的「真人而後有真知」。在老莊的哲學中，一旦談到化解執著時，「知」最好詮釋為心知的執著，而不是知識的認知，這樣比較有助於我們理解什麼是真人修養功夫的極至。在〈齊物論〉中，莊子說：「知止其所不知，至矣。」第一個「知」字，意思是心知的執著。第二個「知」字，意思是心知的不執著。也就是說，從常人心知的執著，修練到真人解消心知的執著，這是修練功夫的最高境界。

能夠解消內心執著的人就是真人，真人所知的天，就是真知。莊子〈大宗師〉的重點，在於讓人明白死生問題的究竟，幫助人尋求精神的安定，以及指示如何超越生死，通達於「道」的修練方法。莊子認為「道」無所不在，「道」就是大宗師。常人只要能透過智慧的覺悟，而化解成心與成見，道心就會自然湧現。有了道心，就能產生真知，有了真知，就能知天，知道自然現象的規律。一旦真正體悟「道」的究竟真實與自然規律，就能超越生死的分別而通達於道，並與道冥合。

心靈隨筆

无妄卦 ䷘

无妄，元亨利貞。其匪正有眚，不利有攸往。

真人之知是不執著的心知，所以能超越生死的分別，出入於生死之間。

有志氣還得有底氣

士心為志，有立志的人才能稱為士。心具有強大的動能，總是要往某一個方向前進，因此要讓心有一個依循，叫作「立志」。一個已經立志的人，就有所謂的志氣，氣就是動能。

「底氣」是大陸的用法，相當於我們所說的「底蘊」。志氣與底氣如同鳥的雙翼，缺一不可，而且必須相輔相成，合作無間，才能展翅飛翔，暢行無阻。

一個人光有脾氣絕對不行，因為容易惹禍上身。光有志氣也不夠，因為條件如果不足，時機如果未到，也是成不了氣候，必須得有底氣配合才行。

什麼是底氣？用通俗的話來說，有底氣就是有自信，有本事，有正當性，站得住腳。凡事心中有數，有個底，知其然，知其所以然，也知道如何做。有底氣的人表現在外會有一股陽剛之氣，浩然正氣，稱為底氣。

底氣的構成元素主要為涵養、智慧、學識、經驗、和專技能力……等長期累積的實力、本事及信譽。一個人若是外強中乾、空心無物，又怎麼可能有底氣。

沒底氣的人講話肯定沒中氣，沒自信，吞吞吐吐，不知所云。人的志氣可以高遠，如天馬行空，但也需搭配底氣可以落實，如天馬行地，才能真正有執行力，而能成大事，成大業。

《易經》的頤卦，談論頤養的道理。頤卦的卦中卦為坤卦，頤卦的大象為離卦，坤卦和離卦在人身上都是大腹，腹中有丹田，是練底氣的所在。烏龜長壽是因為能靈龜服氣，動靜合一，所以頤卦是培養底氣的一個很好的卦。

心靈隨筆

頤卦 ䷚

頤，貞吉，觀頤，自求口實。

人的志氣可以高遠，但也需搭配底氣才可以落實，才能真正有執行力成大事。

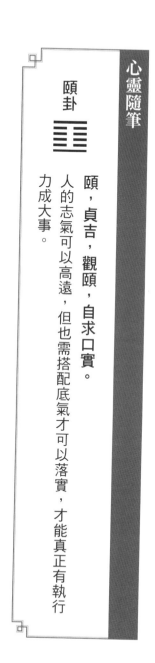

旅遊也是生命覺醒的契機

完成生命的告別巨著，也完成了夢寐以求的盛世公主郵輪之旅。旅行中，處處驚豔，也時時歡愉。又偶遇三個很友善的女孩，更增添了一份溫馨。

人生是旅行，我們都是旅人。旅人在旅行中，如何編寫自己的劇本？如何完善自己生命的內容？

答案很簡單，就是做自己的哲學家，做自己的生命明師，做自己的心靈導師。隨時觀照內在的自己，也觀察外在的世界，《易經》稱為觀卦。唯有當我們能做足內在觀照與向外觀察的功夫後，才能敞開心胸迎接生命過程中的一切遭遇，不論是喜、怒、哀、樂、憂、悲、喜。同時也才能勇敢的面對生命中的一切遭遇，達觀接受一切臨身的際遇，最後更能欣然告別一切，結束人生的旅途。

旅人來自於「道」，也將回歸於「道」，老子稱為「出生入死」。從「道」而出，稱為生；回歸入「道」，稱為死。旅人怎麼來，就怎麼回。來回一趟，就是旅人天生註定的宿命，沒有人能夠逃開這個天羅地網。

因此，我們唯有知天命，順天命，才能成為高度覺醒的生命，才能成為老子所說的悟道的人。老子認為世上其實只有兩種人，一種是悟道的人，一種是沒有悟道的人。

一個已經悟道的人，才能體會莊子所說的：「天地有大美而不言」的深刻意涵，才能體會禪宗六祖慧能向內觀照後所體會的：「何期自性本自清淨，何其自性本不生滅，何其自性本無動搖，何期自性能生萬法。」的見道之言。同時也才能體會孟子所說的：「萬物皆備於我矣！反身而誠，樂莫大焉。」的深度意涵。孟子認為他的內心已經圓滿俱足，沒有缺乏，所以用「萬物皆備於我矣」來做比喻。

不論是任何形式的旅遊，不能只是形式上或內容上的走馬看花，必須更進一步體驗隱藏在每一個人事物背後的意義。著名心理分析家榮格（Carl Jung）說：「每一個巧合都是有意義的巧合」，把握巧合背後所要傳達的信息與意義，才能從旅遊中發現自己生命覺醒的契機。

心靈隨筆

觀卦 ䷓

觀，盥而不薦，有孚顒若。

隨時觀照內在的自己，也觀察外在的世界。

在行動中培養定力

《易經》頤卦的卦象，內卦是震卦，震為雷，是動的意思。外卦是艮卦，艮為山，是止的意思。頤養的正道就是內動外止，也就是指在行動中培養定力，明朝大儒王陽明主張「事上磨練」就是這個意思。一個人的定力夠不夠，必須透過真實事件的考驗才能見真章。

頤卦論述頤養的的正道，養心與養氣最為重要。如何養心？孟子說：「養心莫善於寡欲」，孟子認為降低欲望是養心的關鍵，人生很多的東西都是可有可無，可多可少。所以中國明朝嘉靖年間就設有養心殿，可惜歷代的這些帝王都沒有真正在養心上下功夫。如何養氣？孟子說：「我善養吾浩然之氣，其為氣也，至大至剛，以直養而無害，則塞於天地之間。」孟子認為正直與真誠的心是養氣的關鍵。以「養氣」或「練氣」來說，頤卦卦象內動外止，「內動」象徵內勁十足，心中有主，「外止」象徵沉著穩靜，不動如山。

頤卦六爻，中間四個爻的爻辭不是「顛」，就是「拂」，象徵顛倒夢想，違反常理，可見養心與養氣，知易行難。以六三爻來說，因為個性輕浮躁動，無心於養心與養氣，所以得凶，孔子說：「道大悖也」，意思是指六三爻大大的違反養心的正道。反觀上九爻，因為個性沉穩厚實，致力於養心與養氣，所以得吉，孔子說：「大有慶也」，上九爻養心與養氣功夫真正大功告成，值得大大慶祝一番。

《易經》每一個卦都代表一個情境，情境一定是全方面的，有時候好，有時候不好，不可能全方面都不好。換句話說，每一個卦不可能六爻都得凶。每一個卦也代表一個人的天地，一定是有好，有壞。每一個卦也代表一個人一生的發展，不可能都是凶的，永遠有路可走，這個地方走不通，換另一個地方走就通。所以孔子才說：「易窮則變，變則通，通則久。」透過養心與養氣的功夫修練，可以沉著穩靜，不動如山，讓我們在面對生命過程中的各種考驗時，內心都能清明，從容應對，而且游刃有餘。

心靈隨筆

頤卦 ䷚

頤，貞吉，觀頤，自求口實。

一個人的定力夠不夠，必須透過真實事件的考驗才能見真章。

經由內在人格的透顯，外表更加光輝燦爛

「小人」本來的意思是小孩子，現在身體長大了，可是心智卻沒有跟著成長，在心態仍然是小孩子，只有革面，沒有洗心。因此，只知追求自己的利益，認為「只要我喜歡有什麼不可以」，沒有立志，沒有理想，所以稱為「小人」，但是小人不一定是壞人。

而「大人」是內心立定志向，有理想的人，古代稱為「士」，大人外表的光輝經由內在人格的透顯，而更加光輝燦爛，所以孟子喜歡說：「充實之謂美，充實而有光輝之謂大。」大人所充實的是內在的志向和人格，所光輝的是外表的文采燦爛。《易經》革卦九五爻說：「大人虎變，其文炳也。」「文炳」就是文采燦爛的意思。革卦由離卦與兌卦組合而成，離有光明的意思，所以符合光輝燦爛。

由此可知小人與大人的區分，不在於身體，而在於心志。小人沒有立志，沒有理想，沒有美好的人格，唯利是圖，隨波逐流。而大人則立定志向，有理想，有抱負，

有美好的人格，表現在外就像老虎換新毛後的光彩斑斕、亮麗奪目般，令人驚艷，所以像革卦九五徹底煥然一新般，有離卦的光彩，也有兌卦的喜悅，真正是大人虎變，既洗心又革面的形象化象徵。

心靈隨筆

革卦 ䷰

革，己日乃孚，元亨利貞，悔亡。

小人與大人的區分，不在於身體，而在於有無立志。

生命過程的形上美學與形上意義

東方哲學的一大慧見，就是生命的坎陷與管理，流水總是不斷的陷落，再升起，再陷落，再升起……。當釋迦牟尼佛成道時，追隨者問他說：「你是一個什麼樣的人？」釋迦牟尼佛回答說：「我是一個已經覺醒的人。」我們若是成為過程中的存在自覺者，生命是創造性的；若是成為過程中的存在迷思者，生命是破壞性的。

「形上學」是探討人與宇宙間根本存在關係的學問，所謂「先知」就是懂得如何觀看宇宙中事物變化關係和規律的人。孔子說：「形而上者謂之道，形而下者謂之器。」個體生命必須是形下存在與形上存在的合一。形上美學的核心在於「生命」本身，生命以外再無任何其他目的。生命就是無數片段的累積，除了生命過程中留下的痕跡，生命還有什麼？生命本身只不過是一個永無休止的追求過程，其實我們自己的本真生命原來就已經在過去的每一個當下裡實現過，這就是「歷程即實現」現象學式的理解。生命是一個沒有計劃的洪流，生命是一個奧秘，不是一個謎，生命的這個奧秘必須被經歷，而不是被解開。生命是一個奧秘，是一個存在，隨著生命的流動，讓我們與奧秘成為一體，這就是全然的覺知與經驗。

過程的形上美學，完全要靠每個人自己用生命去體認。我們對「生命」意義的了解有多深，領悟過程的意義就有多深。換句話說，就是用生命來學習生命。在我們生命過程中所遭遇到的一切人事物，不論幸與不幸，好與不好，其實都不存在，它們全都只是反映我們個人內在的世界而已。換句話說，它們全都是我們內在的思想所創造的，這就是佛陀所說的「萬法唯心造」的道理。我們所釋放出來每一個想法的後果，最後都會回報到自己身上，這些想法將經由自我暗示的原則，全部記錄在我們的潛意識中，慢慢的成為我們自己的個性，個性相當於一個磁場，會吸引相同的人事物來到我們的身邊。

我的內在發生了什麼事？讓這個人困擾著我。我的內在發生了什麼事？讓這件事困擾著我。我的內在發生了什麼事？讓這個境遇困擾著我。當我們這樣向內省思時，我們就已經在做懺悔的事，懺悔能喚起愛的靈性，產生愛的能量。世上沒有任何人事物是盡善盡美的，但人應該以追求真善美的心態來處理生活上的人事物，不管它的價值有多麼微小，它的意義總是最大的。奧古斯丁（Saint Augustine）是一位傳奇式的宗教人物，也是一位讓人很難理解的思想人物。一千五百多年來，每一個神學院的學生都繞不開奧古斯丁的論述和思想。甚至那些對他個人生活持批評態度的人，也不能否認他在神學領域的學術貢獻。作為早期基督教會中少有創見的思想家與哲學家，因為他對基督教有重要建樹，所以被羅馬教廷封為「聖者」，因此他又被世人稱為「聖奧古斯丁」。奧古斯丁的著作《懺悔錄》（*Confessions*）被認為是西方歷史上的「第一部」自傳，至今仍被傳誦，他死後被天主教會封為聖人和教會聖師，也被東正教會等奉為聖人，並稱為「恩寵博士」，他的死也被西方歷史學界，認為是歐洲在精神層面上的中世紀的開始。與奧古斯丁《懺悔錄》具有相同意義的是中國禪宗六祖慧能《六祖壇經》的〈懺悔品〉，六祖慧能帶領弟子做懺悔，不是懺悔一些具體的過錯或罪相，而是從起心動念所造成罪業的根源「貪、瞋、痴」中去懺悔。

儒家《禮記．檀弓》說：「君子曰終，小人曰死。」人的一生是一個成德的過程，儒家將成德的過程看做是價值的過程。成德的過程做完了就叫「終」，所以君子死了稱為「終」。因為小人沒有成德的過程，所以死了就只能稱為「死」。在成德的過程中，人難免會有口頭過失，或行為過失，重要的是要知道懺悔，要知道改過，懂得調整回來，這樣就可以避免災難。所以孔子在《易經．繫辭傳》中說：「无咎者，善補過也。」能避免掉災難，是因為知道過錯，能即刻改過。孔子在《易經．繫辭傳》中又說：「其要无咎，此之謂易之道也。」孔子認為《易經》道理的核心要義，在於懺悔改過，然後趨吉避凶。所以孔子說學習《易經》的好處，讓他人生無大過。

所有發生在我們人生的苦難與挫折是否蘊藏著某種意義？如果沒有意義，那麼從終極來看，人的存在便沒有意義。每個人都有選擇自己生命內容的自由，藉著選擇自己生命內容的自由，才能真正的實現自己，才能是一種掌控自己生命體驗，而活下去的存在自覺者。懷海德（Alfred North Whitehead）享壽八十六，是英國數學家、邏輯學家、哲學家和教育理論家。他與羅素（Bertrand Russell）合著的《數學原理》（*Principia Mathematica*），被稱為是永久的偉大學術著作。英國哲學家懷海德是西方歷程哲學的創始人，他自己曾說他的機體哲學與印度或中國的思想相近，西方歷程哲學與中國儒道兩家，尤其是《易經》哲學和華嚴佛學非常相似，因為它們都有創化、歷程、有機、圓融的理念，強調宇宙萬有通體相關，所以可以超越各種極端主義與二元對立的思維模式。懷海德的歷程哲學認為，不應把人視為宇宙的中心，而應把人和自然視為密切相連的生命共同體，懷海德的這種觀點與中國古老的「天人合一」的思想可謂不謀而合。從二十世紀後半葉開始，愈來愈多的人開始注意到懷海德和中國思想在歷程觀上相似的罕有現象。「歷程哲學」或稱「過程哲學」的特色是避免過分用數學或機械的方式去解釋人生所遭遇到的一切人、事、物。許慎《說文解字》對於過程的形上解釋是：「過，度也。」引申為有過之過。「程，品也。」對於《說文解字》這一段文字中「程，品也」，清朝語言學家與訓詁家段玉裁的解釋是：「品者，眾庶也。因眾庶而立之法則，斯謂之程品。」《荀子．致仕》說：「程者，物之準也。」從上面許慎、段玉裁、與荀子對於過程的形上詮釋，可知過程有過失、渡過、通過、及準則等意涵。孔子說：「過而不改，是謂過矣。」有過錯而不改善，才是過錯。例如金庸創作的武俠小說《神雕俠侶》中的楊過這個名字的意思，是說人都會有過錯，但有過就要改。《易經》有小過卦與大過卦，人在生命的過程中，小過難免，但小過不改，就會變成大過。大過是棺槨卦，是溺斃卦，漢朝稱為死卦。

真正過程的把握，在於通過生命的所有遭遇，完成死亡，過程中的酸甜苦辣、五味雜陳，正是生命的豐富，因為生命的最後覺醒，往往需要在某種際遇的缺憾中才得以完成。過程的形上意義從老子「物的無」到莊子「心的無」，不僅消解了「道」的超越實體性，更體現了自我修練和證成的過程。過程中層層向上的形上美學觀，是指在人生的創造過程中，美能使人透過精神的昇華作用，成就大人、聖人、神人的理想境界。以孟子的哲學來說，「美」是人要上達到「神聖之域」的過程中，必須要通過的階段。孟子說：「可欲之謂善，有諸己之謂信，充實之謂美，充實而有光輝之謂大，大而化之之謂聖，聖而不可知之謂神。」《易經》道理的基本原理就是「生生不已」，也就是沒有終止的創造過程。《易經》中的創造者是太極和君子，太極創造了八卦，是永恆的客體，同時也創造了現實事態，也就是六十四卦。六十四卦的現實事態對於君子來說，就是「卦象」，卦象是確定性和不確定性的統一。卦象吉凶禍福的價值是潛在的，必須通過君子的再創造，亦即君子的道德努力才能實現。君子的創造性不僅在於理解卦的過程，還在於實踐與創造詮釋的過程。

《易經》的過程哲學是道德價值的形而上學，創造性原理是至善的創造。而懷海德的過程哲學是審美價值的形而上學，創造性原理是至美的創造。不論是至善的創造，或至美的創造，都是生命覺醒的必要過程。

心靈隨筆

大過卦 ䷛

大過，棟橈。利有攸往，亨。

大死才能大生，人生的最後覺醒，往往需要在某種際遇的缺憾中才得以完成。

二、因應變化，應對世界

生命到底是謎還是奧秘

生命到底是謎？還是奧秘？謎與奧秘的區別何在？生命如果是謎，那我們的生命態度就應當把生命當做是一個問題，然後窮盡一生智性的努力去尋求解答。生命如果是奧秘，那麼我們的生命態度就不是去尋求解答，而是把生命當做是一個存在，既然生命只是一個短暫的存在，那麼重點就不是去解開，而是去經歷，去感受，去品味。

真正過程的把握，在於通過生命的所有遭遇，完成死亡，所以生命中的五味雜陳其實正是生命的豐富點綴。每一個片刻，我們都站在那不可測的門上，我們必須去迎接他，每一個片刻，那未知的都是我們的客人。生命的意義在於從已知的地方走向未知的地方，生命的意義來自那未知的陌生人，來自那突然敲我們的門，不能預測的人事物。《易經》需卦上六爻說：「入於穴，有不速之客三人來，敬之，終吉。」就是這個意思，「不速之客」象徵不能預測的人事物。

生命是一個片刻接著一個片刻的存在，生命的本質就是不安全，因為一切都在變化中，生命的坎險正是生命的美妙。花凋謝了，接受它，花盛開了，享受它。儒家說：「君子曰終，小人曰死」，為什麼同樣是生命的結束，君子叫做「終」，小人叫做「死」？因為儒家將人的一生看做是一個成德的過程，將成德的過程看成是「價值過程」，成德的過程做完了就叫做「終」，所以君子死了稱為「終」。

心靈隨筆

需卦 ䷄

需，有孚，光亨，貞吉，利涉大川。

生命的意義來自不能預測的人事物。

人生最上乘的處世功夫

「謙」字是言、兼二字所構成，是太極思維「中道」思想的展現。

謙是一種心境，一種態度，和一種行為。謙虛的人懂得設身處地，為他人設想，因此所有言論主張，都能兼顧各方的想法、感受、尊嚴和利益，這正是謙虛、謙卑精神的淋漓盡致展現。

《易經》謙卦的卦象，內卦為山，外卦為地。表示一個人內有如山的崇高德行，外有如地的含容行為，即使遭遇橫逆困厄，因為能做到先屈後伸，終能化險為夷。老子說：「天下莫柔弱於水，而攻堅強者莫之能勝，以其無以易之。」水就有《易經》謙卦的特質。

謙虛、謙卑是人生最上乘的處世功夫，謙卦六爻不是吉，就是利，是《易經》六十四卦中唯一沒有凶爻的卦。初六吉，六二吉，九三吉，六四利，六五利，上六利，從頭一路好到底，堪稱是六十四卦中最好，福報最深的卦。《尚書》的至理名言是：「滿招損，謙受益，時乃天道。」偉大的哲學家蘇格拉底說：「我只知道一件事，就是我一無所知。」都是謙卦精神的最佳詮釋。

《易經．雜卦傳》對於謙卦的詮釋是「謙輕」，一個能謙虛的人會將自己看輕，就因為做到將自己看輕，反而贏得別人的尊重，使自己發光發亮。孟子說：「民為貴，社稷次之，君為輕」。領導者能將自己的權位看淡，虛懷若谷，兼容並蓄，正是暢銷企管書《從A到A+》（*Good to Great: Why Some Companies Make the Leap and Others Don't*）書中，所謂沒有傳奇的傳奇第五級領導，也就是最高明的領導。

《易經．彖傳》說：「謙，尊而光。」位居尊貴地位的人，如果能做到謙虛，德行的光輝必能更加彰顯。

心靈隨筆

謙卦 ䷎

謙，亨，君子有終。

謙虛、謙卑是人生最上乘的處世功夫。

謙虛納百福

《易經》六十四卦只有謙卦非吉則利，一路好到底。謙是謙虛、謙卑的意思。表現謙虛不是人人都有這個條件的，一個人很有才華，很有本事，才有資格談謙虛。就是因為很有才華，很有本事又能卑以自牧，表現出常人做不到的謙卑態度，才能叫做謙虛，所以才有「謙虛納百福」的生活實證經驗。

謙卦的卦象是地山謙，上卦是坤卦是地，下卦是艮卦是山。山本來是高高在地面之上的，但現在卻屈居在地面之下了，用這樣的卦象來象徵謙虛的表現。謙卦的卦主，也就是唯一的陽爻九三，也是屈居在三個陰爻下面，是謙虛、謙卑的具體展現。

謙的特色有如地的包容大度，有如山的虛懷若谷。有德而不自居，有功而不自詡。《易經》作者將謙卦當做核心的卦象，是源自於觀察天地之道：「滿招損，謙受益」的造化法則所得到的啟示，於是將這種客觀的自然法則應用在人事上，做為君子終身奉行的準則。

謙卦被安排在第十五卦，另有深意，十五是洛書中象徵宇宙生態平衡的數，也是象徵宇宙生生不息的數。做人做事與人際往來也要重視平衡，才能維持長久，才能生生不息。

孔子崇拜周公，不只是因為他有蓋世的才華，主要是因為周公制禮作樂，替周朝打下了典章制度的良好基礎。即使孔子崇拜周公的才華、忠謹與事功，但孔子仍以此提醒世人，不可因為有才華而驕傲及吝嗇。孔子說：「即使一個人才華卓越如周公，但如果因為這樣而驕傲及吝嗇，其他的也就不用多說了。」意思就是不值得欣賞了。

心靈隨筆

謙卦 ䷎

謙，亨，君子有終。

有本事的人能卑以自牧，表現出常人做不到的謙卑態度，才能叫做謙虛。

在生命綿延的時間節點上賦予意義

形式與意義相輔相成，缺一不可。形式是陽，是表，意義是陰，是裡。形式與意義的合一與互動共同構成圓滿的太極。

任何莊重的儀式都是一種形式，能讓我們把內在的情感、情緒、感受等外化而表現出來，並且與其他和我們有關係的個體進行分享，從而使自己獲得一份安全感與神聖感。

從社會學的角度來講，儀式可以確認個人身分與集體認同。從心理學的角度來說，儀式可以讓個人生命劃分節點，在綿延的時間點上賦予意義。

《易經》節卦的節字，上為竹，竹子以節結點為限，生長到一個階段後，必須盤旋成節，等待有效收束後，再往上竄升，所謂「節節攀升」就是從觀察竹子的生長過程而來。

如果我們把竹子的生長過程看成是人生命過程的時間綿延，那麼每一個段落，每一個節點，對於我們都有某種意義。我們應該從這個意義中，去體驗並得到一種學習，這樣在生命綿延的時間流中，我們才能像竹子一樣節節有序，條理分明的攀升，直到生命的終點。

竹子中空外直，表示君子風度是內在謙虛，外在正直，高風亮節的。《易經》說：「天道循環，元亨利貞，貞下啟元，生生不息。」人道也應像竹子的生長過程一樣，在每一個節點上，都賦予意義，才能向上提升，不也是有近似貞下啟元，生生不息的天道意涵嗎？

心靈隨筆

節卦 ䷻

節，亨。苦節，不可貞。

人道應像竹子生長，在每一個節點上，都賦予意義，才能向上提升。

又謙虛又可靠才會有誠信的力量

《易經》中孚卦是內心誠信的取象，整個卦爻的排列有如水中倒影，水上水下相反而一模一樣，彷彿是言行一致誠信的形象化表徵。

中孚卦中間三、四兩爻為柔爻，柔代表虛，「虛」是「滿」的對照字。一個自以為是的人，內心是滿的，怎麼會虛，所以內心虛就是虛心的象徵，內心謙虛不帶成見，才能兼顧他人的感受，接納他人的意見或建議，所以「謙」字是「言」、「兼」的組合，兼顧他人的感受與言論。中孚卦上卦的九五爻及下卦的九二爻均為剛爻，剛代表實，實才能靠，象徵可靠，腳踏實地的人才可靠，才能言出必行。所以，一個真誠的人必須虛心，必須可靠。這是誠信的基本元素。

中孚卦六三、六四兩爻為柔，是中虛。九五、九二兩爻都居中，是中實，所以中孚卦又中虛又中實。卦中六爻的排列組合，一虛一實搭配合宜，若合符節，能作為憑信，讓人信任，讓人安心。道家強調做人要做真實的人，儒家注重做人要做真誠的人，真實又真誠才是人之所以為人的價值所在。生而為人，若是不真實又不真誠，真是枉而為人。

孔子在《繫辭傳》中，特別對中孚卦九二爻做創造性的詮釋，孔子認為言行是君子的樞機、關鍵，一個人活在世上，必然和別人有往來的關係，如何取信於人，靠的就是言語和行為。言行合理與真誠，才能成為真誠的人，一個真誠的人，他的言行不只能感動人，有時還能感動天地，所以孔子說：「言行君子之樞機，樞機之發，榮辱之主也。言行君子之所以動天地也，可不慎乎！」可見真正誠信力量的鞏固，絕不只是來自有形的東西。

中孚卦九五爻是核心的領導人，如果只是用手繫繩子來連接各爻，以為這樣就可以展現誠信的力量，而鞏固自己的領導地位，充其量只是沒有災難而已。所以，九五爻的爻辭說：「有孚攣如，无咎。」「有孚攣如」就是以為誠信只要用手繫繩子來連結人的手就可以，「无咎」就是沒有災難。殊不知，連結人的手，不一定能夠連結人的心。

其實，在現實生活中，要做到真誠與誠信也不是那麼容易，因為每個人在面對複雜多變的人與事，都會有自己多方面的複雜考量，或許是動機，或許是利益，或許是私心，或許是……這些因素，若沒有修行的淬鍊，很難變的純粹。一旦內心不能純粹，不論是個人或團體，真誠及誠信的目標就很難達成。

心靈隨筆

中孚卦 ䷼

中孚，豚魚吉，利涉大川，利貞。

真實又真誠才是人之所以為人的價值所在。

人為什麼成為自己最大的敵人

人為什麼成為自己最大的敵人？為什麼成為自己生命成長的最大難關？那是因為人很少反思自己，我們的眼睛都習慣性的往外看，評價外在的一切，但卻很少向內觀照，認識自己。

有西方孔子之稱，希臘神諭稱為是雅典最有智慧的人的大哲學家蘇格拉底，有一句名言說：「不經反省的人生，是不值得活的。」也就是說，人活著的意義在於自我反省，蘇格拉底所說的這種反省是道德的反省，因為蘇格拉底認為真理能指導人們過著良善的生活。對於蘇格拉底而言，人生的意義不在於追求外在的事物與成就，而在於對內的自我省察與認識，於是「認識你自己」這句話，就成為鏤刻在希臘阿波羅神廟的入口處的名言。

認識自己如何可能？蘇格拉底早為我們開啟了一扇智慧之門，那就是從打破自以為是的迷思開始，從認識自己的無知開始，從認識真理開始。老子不是也說：「知人者智，自知者明。」人唯有充分認識自己，才能擺正位置，完成自我，知道自己什麼應該做，什麼不應該做，這樣才能活出有意義，不愧自己天命的人生。

不自以為是以及認識自己的無知，也就是《易經》六十四卦中最好的一卦，稱為謙卦。希臘阿波羅神廟內，德爾菲神壇的神諭說：「蘇格拉底是最有智慧的人。」關鍵原因就是因為蘇格拉底有智慧，卻仍認為自己無知。不能徹底擺脫自以為是優越感迷思的人，最大的敵人永遠是他自己，因為這是根深蒂固，傲慢自大，而深入心靈內在的毒藥。

《易經》說謙而又謙的君子，能夠冒險犯難，獲得吉利，而且謙而又謙的君子，人生得以善終。一個謙卑又謙虛的人，絕不可能自以為是，自視甚高，恰恰相反，他的生命態度是自視甚輕。

蘇格拉底認為自己無知，沒有智慧，反而成為大智者。

心靈隨筆

謙卦 ䷎

謙，亨，君子有終。

人唯有充分認識自己，才能擺正位置，活出意義。

生命覺醒的障礙

真正妨礙我們生命覺醒的障礙，不是外在的人事物，而是我們自己那個具有二元對立邏輯屬性，且不停運作的腦。

我們的腦創造出無比龐大的帷幕，使我們既眼盲又心盲，然後我們誤解了、弱解了、甚解了生命過程中一切的遭遇，創造出虛妄的詮釋，走向與靈性悖離的方向。我們忘了自己是誰？卻活在自己大腦所創造的假我與假相裡，奔競爭逐不已，直到腦死為止。

從初唐詩人張若虛所寫的〈春江花月夜〉一詩中，讓人開起了宇宙意識，也深刻體悟到在大時間、大空間所構建的宇宙長河中，天衣無縫中，沒有人能避開因果與循環律則的制約。一切都是自作自受，一切都是最好的安排，任何時候我們都是處於剛剛好的狀態中，我們不應有好與壞的分別與執著，因為那都是我們應該學習的課題。

人有時會為了對的目標，而做了錯誤的選擇，或許這也是錯綜複雜因果關係的無形機制，在默默作用下的必然結果。說穿了，天衣無縫讓人逃避不得。《易經》有一個卦，叫做遯卦，「遯」有「遁逃」與「隱遯」的雙重意涵。不該遁逃而遁逃也遁逃不了，該隱遯而不隱遯也隱遯不了。關於如何遯才能破解天網恢恢的天衣無縫，遯卦有極為深刻的義理闡釋。

小說家馬克吐溫（Mark Twain）說：「生命最重要的兩天：出生的那一天、發現自己生命目標的那一天。」其實站在生命覺醒的觀點，生命最重要的兩天：明白自己天命的那一天，完成自己天命的那一天。這就是東方聖哲孔子說：「五十而知天命」以及西方聖哲蘇格拉底說：「認識自己」的道理。如果我們不能認識自己來到這個世上唯一的使命與任務，生命的覺醒又如何可能？

大居士維摩詰假裝生病，文殊師利菩薩代表大家來探病。文殊師利對著維摩詰說：「你的修行境界這麼高，怎麼還會生病？」維摩詰回答說：「從痴有愛則我病生。」維摩詰所說的「我病」的「我」是「大我」的意思，不是指自己身體的病痛，而是暗喻廣大眾生生命的病痛。「痴」是心不夠清澈，「愛」是心太多牽掛。心看不透又有太多牽掛，就是生命病痛的由來。

生命本身是一個太極，真善美本來圓滿俱足。真善美與太極是心易的體用關係，彼此息息相關，環環相扣。「太極」是體，「真善美」是用，即體即用，即用即體，體用一如，不異也不一，太極的一分為真善美的三，真善美的三又合而為太極的一。換句話說，真就是善，就是美，就是太極。善就是真，就是美，就是太極。美就是真，就是善，就是太極。沒有真，就沒有善與美。沒有善，就沒有真與美。沒有美，就沒有真與善。真善美都是人心的太極，從用的角度來看，真善美三者似乎不同，但從體的角度來看，真善美三者又都是太極，沒有不同。如果這個道理無法參透，生命的覺醒就沒有可能，而生命不能覺醒，自然就會帶來生命的病痛。

心靈隨筆

遯卦 ䷠

遯亨，小利貞。

生命本身是一個太極，真善美本來就圓滿俱足。

「躁、隱、瞽」三過失

孔子說：「侍於君子有三愆，言未及之而言謂之躁，言及之而不言謂之隱，未見顏色而言謂之瞽。」躁、隱、瞽之所以為過失，是因為說話時不看時機，不看場合，不看臉色。不該說話的時候說話，該說話的時候反而溫吞不說，而且不看對方的臉色就說話，也就是不去注意對方因內部情緒變化而反應在臉上的各種表情就說話。

《易經》艮卦談止欲修為的功夫，六五爻說：「艮其輔，言有序，悔亡。」艮其輔表示不亂說話，碰到非說不可的時候，也是條理分明的說，叫做「言有序」。

艮卦六五謹守分寸，拿捏得宜，不亂說話，當然不會有懊悔的事情產生，叫做「悔亡」。可見六五在這方面的修為已經有很高的境界。

老子說：「多言數窮，不如守中。」「中」是「沖」的意思，「守中」就是保持內心的空虛狀態，像鏡子一樣，物來則應，物去不留。曲高和寡難以得到共鳴，無異對牛彈琴，說了也是廢話，不如不說。說了不能產生效果，或得不到採納，多說也沒有用，不如保持內心的空虛狀態，順其自然，叫做「不如守中」。

《易經》重「時」，尚「幾」。但此「幾」與「機」不同，「幾」字少了木旁，意境已經全然不同。《易經》所說的「幾」，是活的「幾」，不是「貫時性」思考的「機」，而是「同時性」思考的「幾」。「幾」剎那生，也剎那滅，來無影，去無蹤，錯過即失，再覓已無。

心靈隨筆

艮卦 ䷳

艮其背，不獲其身；行其庭，不見其人。无咎。

不亂說話，碰到非說不可的時候，也是條理分明的說。

有心人的「有心」有三個意思

有心者或有心人的「有心」，不外三個意思：

一、可能是指「有心事」：因為內心有事，正受著困擾或煩惱。

二、可能是指「有心思」：是不懷好意的別有用心。

三、可能是指「有用心」：出自內心好意，富有同理心的理解或關懷。

出現「有心人」三個字時，到底「有心」是指那一個意思，必須看前後文，看問題情境，看說話對象，才能正確研判。譬如清代戲曲家孔尚任在《桃花扇》中有一句話說：「傳將隨口話，報與有心人。」這裡的有心人，看來是比較負面的指涉。

在《詩經．小雅，巧言》中有句話說：「他人有心，予忖度之。」這裡的有心顯然是有心事的意思，他人有心事，我們出於關心，而用心去揣摩它，是屬於正面的指涉。

另外，如果我們說這一次的困境，幸虧有心人的出手相助，才能度過，這裡的有心，也是屬於正面的用心的指涉。

《易經》兌卦六三的來兌，和上六的引兌，同樣是諂媚的意思。但六三不用心思，直接諂媚，公開勾引，還可防範。上六別有居心，包藏禍心，暗中勾引，諂媚白手法高級，不露形跡，所以不易防範。老子說：「信言不美，美言不信。」信是內心信實的意思，美是說話華美的意思。說信實的話，聽來不美，因為沒有巧飾。反之，說華美的話，往往不可靠，不能相信。

《易經》兌卦在人身上屬於「口」，兌加心為「悅」，喜悅的意思，以口取悅於人，諂媚於人，當然是用華麗的言辭。老子說：「巧用華麗的言辭，多半內心不信實。」是別有居心的有心人，我們要小心別上當。

心靈隨筆

兌卦 ䷹

兌，亨，利貞。

信實的話，聽來不美，華美的話，不能相信。

結霜已經預告堅冰的來臨

《易經》乾卦取法天象，講的是天則，論的是客觀真理；而坤卦取法地象，講的是地勢，論的是客觀形勢。乾卦與坤卦的組合，就代表「理」與「勢」，客觀真理與客觀形勢的配合，人生行事若是都能依理順勢，當然比較能無往不利。

坤卦第一爻初六，爻辭說：「履霜，堅冰至。」第六爻上六，爻辭說：「龍戰於野，其血玄黃。」初六的結霜其實已經預告上六堅冰的來臨。人生所有的事情都是冰凍三尺非一日之寒，剛開始時，除霜還不是太難，等到冰凍三尺時，再想化冰可就不容易了。孔子詮釋坤卦初六的意涵時說：「履霜堅冰，陰始凝也，馴致其道，至堅冰也。」在問題還小時，若不正視它，也不理它，順勢發展下去，必然釀成大患而無解。所以孔子詮釋上六的意涵時說：「其道窮也」，大勢已去，已經走到窮途末路了。

若將坤卦第一爻的陰爻變成陽爻，則卦象變成復卦，這個時候再不回頭反省，培元固本，勢必成為上六的堅冰，而喪盡資源，走到窮途末路。所以將坤卦第六爻的陰爻變成陽爻，則卦象變成剝卦，一切本來擁有的都將被剝蝕殆盡，這個時候再後悔也已經遲了。

在《文言傳》中，孔子對上述的剖析更為直白，孔子說：「積善之家，必有餘慶；積不善之家，必有餘殃。臣弒其君，子弒其父，非一朝一夕之故，其所由來者漸矣！由辯之不早辯也。《易》曰：『履霜，堅冰至』，蓋言順也。」常積善行的人家，必常有喜慶的事；常積惡行的人家，必常有災禍的事。一國之中，若有為人臣的殺害他的國君，或為人子的殺害他的父親的惡行之事，這並不是短時間所造成的，而是長時間累積逐漸形成，只是因為未能及早辨別而已。一切事情的發展其實都有跡可循，它們是順著一定的軌道漸變而成的。

宋朝程頤對此的義理詮釋為：「天下之事未有不由積而成，家之所積者善，則福慶及於子孫；所積者不善，則災殃及於後世。其大者至於弒逆之禍，皆因積累而至，非朝夕所能成也。明者知漸不可長，辯之於早，不使順長，故天下之惡，無由而成，乃知霜冰之戒也。霜而至於冰，小惡而至於大，皆事勢之順長也。」程頤的解讀堪稱頗為到位。

心靈隨筆

坤卦

䷁

坤，元亨，利牝馬之貞。君子有攸往。先迷後得，主利，西南得朋，東北喪朋，安貞吉。

人生行事若能依理順勢，才能無往不利。

權力使人腐化

《易經》明夷卦的卦象是光明在地底下，就天道來說，是「明滅」，表示光明毀滅。就人事來說，是「明傷」，表示光明受傷。

如果說晉卦是明君在位，群賢並進的光明格局。那麼明夷卦就是昏君在位，明者見傷的黑暗格局。明末清初黃宗羲寫《宋元學案》、《明儒學案》、《明夷待訪錄》三書。在《明夷待訪錄》中，黃宗羲說：「這個世界在明朝末年已經是明夷的現象了，明朝快結束了，天下大亂了，光明被壓制在底下，一片漆黑。」黃宗羲寫《明夷待訪錄》用「待」字，暗喻有待後人去理解。

《明夷待訪錄》一書中，黃宗羲的批判性很強，分析了中國歷代政治的發展，認為中國兩千多年的政治，最大的問題在於一個人，就是皇帝。其實，在民主政治的現代化國家，總統是由人民直接選舉產生，如果政治不能清明，百姓生活困苦，最大的問題還是在於一個人，就是總統。

其實商朝紂王小時候聰明過人，力大無比，接了帝王後，就慢慢變成暴虐無道的君王，真是應證了西方所說的：「權力使人腐化，絕對的權力使人絕對腐化。」古今居大位掌大權的人，大多走上這樣的結局。

心靈隨筆

明夷卦 ䷣

明夷，利艱貞。

權力使人腐化，絕對的權力使人絕對腐化。

人的生死是由自然法則決定的

孔子說：「死生有命」，人的生死是由自然法則決定的。每一個人都有天賦的壽命，稱為「天年」。該活幾歲，就活幾歲，老子稱為：「常有司殺者殺」，司殺者就是自然的力量。

如果統治者不明白自然法則這個道理，以為自己可以代替天行使生殺大權，老子就稱為「代司殺者殺」，那就像代替大木匠來砍木頭一樣，不但砍不了木頭，反而會傷了自己的手，這就是統治者違背自然法則的後果，這樣的自尋死路是自作自受的必然結局。統治者如果以為自己手握生殺大權，就可以為所欲為隨便殺人，老子說：「民不畏死，奈何以死懼之」，不是很可笑的行為。

老子理想的統治者是悟道的聖人，統治者因為已經悟道，就會依據「道」來治理百姓，也就不會有民不畏死，民之輕死的現象出現。明末清初哲學家黃宗羲以《易經》的明夷卦為核心宗旨，寫出了《明夷待訪錄》一書，認為整部中國歷史上的最大害蟲就是帝王制度，可說見解深刻，一語中的。

黃宗羲身處帝制時代，有意批判帝王的無道濫權，迷失在至尊之位失了本心，從來未曾領悟過天下是天下人的天下，不是帝王一個人的天下，因為若沒有蒼生百姓，何來天下？黃宗羲不能直接明說，只好用修辭學的隱喻方法來間接暗示，所以說《明夷待訪錄》。「明夷」是光明被壓制住，天下黑暗的意思。「待訪」是等待後人對於這個問題去探討，去研究，去評斷。

心靈隨筆

明夷卦 ䷣ 明夷，利艱貞。

違背自然法則的後果，自尋死路是自作自受的必然結局。

高調張揚，過度縱情享樂不能長久

《易經》的豫卦，字義相當豐富，有預測、預防、預備、逸樂的意思。《孔子家語》說：「凡事豫則立，不豫則廢。」豫卦充分反映了《易經》知幾應變，趨吉避凶的精神。

知幾的能力來自於精準的預測，應變的能力來自於知幾的能力。趨吉避凶與逢凶化吉在意義上並不完全相同，趨吉避凶是走在前面，在凶險尚未臨身前，就因為預測精準，而事先做好趨避的預防行為。逢凶化吉是凶險已經來到身上，只能想方設法去化解。在這種情況下，可能可以化解，或者需要付出相當的代價。

《易經》談成功的卦，叫做既濟卦，也是好景不常，所以卦辭說：「初吉終亂。」於是《大象傳》提出告誡說：「君子以思患而豫防之」，已經處於成功的當下，仍然要戒慎恐懼，可見豫樂之有無，與豫樂之長短，都必須以預測、預防、預備為前提條件。孔子在《繫辭傳》說：「易道懼以終始，其要无咎。」並說「无咎」是善補過的意思。

易道比較強調「无咎」，而不是「吉」，因為吉只是一種狀態，不是固定不變的，隨時都可能因為主客觀條件的改變而轉化，而无咎的善補過，是居安思危，憂患意識下的預測、預防、預備的觀念與作為，比較能長久。

《易經．雜卦傳》說：「謙輕而豫殆也」，是一種充滿憂患意識的衍義詮釋。一個有謙德的人，能夠做到自視甚輕，虛己待人，所以人生可以無往不利。而人一旦豫樂過度，就容易產生懈怠之心，於是豫樂很快就會轉化趨凶，所以豫卦初六爻說：「鳴豫，凶。」就是因為才剛進入愉樂的格局中，馬上得意忘形，過度沉迷，在享樂中因此而得凶。鳴豫的「鳴」，有高調張揚，過度縱情享樂的意涵。

心靈隨筆

豫卦 ䷏

豫，利建侯、行師。

具備憂患意識，居安思危，才能長久。

心通了什麼都有可能

不論是武術功夫的境界，或修行功夫的境界，關鍵都在於心，心通了什麼都有可能。心的功夫修練到哪裡，往上的境界就到哪裡。

以生命維度的觀點來看，生命維度的提升決定於心的自由度的提升，而心的自由度的提升又決定於意識能量自由度的提升。活在三維空間的我們，每個人的意識都充滿著三維的相或象，所有三維的色相使我們的意識困在牢籠裡無法自由，無法提升。如果能夠透過心上功夫的修練，及智慧的覺悟，將生命三維的意識相全部斷捨離，我們就可以獲得四維的智慧。

古人所謂的悟道或覺悟，就是指超越三維的生命，而獲得沒有生死，沒有開始與結束的四維生命的智慧。人生修練的方向若走偏了，修練的方法若走岔了，最後都只能是徒勞無功而已。《易經》蒙卦六四爻經文說：「困蒙，吝。」人生的進退行止如果又困又蒙，那就什麼事也成不了。吝是困難的意思，六四爻在蒙卦六爻當中，是唯一個沒有機會遇到明師啟蒙與指引的一個爻，加上本身又是柔爻，沒有實力，又受到蒙蔽，走錯方向，用錯方法，是必然的結果，最後陷入困窮之境，也是咎由自取。

困蒙的困是果，蒙才是因，有因必有果，因果關係是必然的關係，所謂「種瓜得瓜，種豆得豆。」就是典型因果關係的人間現象。一般而言，人只要「困」就必然「窮」，只要「窮」就必然「困」，窮、困總是相伴而生。困蒙的「困」字是木在口中，想要出頭，一看就知道非常的艱難。而「窮」字是躬在穴中，「躬」是自身的意思，既然身在穴中，想要抬頭挺胸，揚眉吐氣，也是困難重重，聖人造字蘊藏的深義真是微妙無比。

西方思想一向是從下往上尋求真理，而東方思想剛好相反。東方的哲人是先悟道直見真理的核心，然後再以自己超時空的高維實踐經驗，往下做智慧的指引，去幫助有緣人。《易經》就是古代聖人感應高維智慧的偉大著作，太極標誌著陰陽同體的玄妙智慧，陰中有陽，陽中有陰，陰極轉陽，陽極轉陰，真正是宇宙人生永恆的真理。大儒朱熹說：「天地之間，無往而非陰陽，一動一靜，一語一默，皆是陰陽之理。」在現實人生中，有陰影就有光明，有光明就有陰影，光與影永遠同時存在，這就是太極的道理。我們若能徹底體悟這個道理，對於生命過程中的是非、得失、損益、成敗……等現象，就比較能了然於心，能淡然處之，內心沒有罣礙，因為知道這些都只是陰陽的消長現象。陰陽的消長現象是暫時的，有時是陽的暫時伸張，有時是陰的暫時伸張。

將自己的視野拉高，生命的維度提升，從上往下看人世間的所有現象，將會看到這些現象都只是短暫的變化而已，同時也是生命過程中必然有的元素。這些正反元素，相互依靠，而同時存在。當陽凸顯伸張的時候，陰只是隱藏起來，並非消失。同理，當陰凸顯伸張的時候，陽只是隱藏起來，並非消失，這就是太極的核心奧義。陰陽是二非二，是一非一，一中有二，二實為一。一指太極；二指陰陽。簡而言之，太極是整體的一，陰陽是太極正反的顯現，以正的姿態顯現稱為陽，以反的姿態顯現稱為陰，所以陰就是太極，陽也是太極。

受太極思維影響下的中國哲學，所說的道理都是兩面的，例如說「無欲則剛」時，「無欲」並不是解釋成「沒有欲望」，而是「無邪欲」，有「正欲」，不要有不當的欲望，要有正當的欲望，才是「無欲」的正解，子貢說：「聞一知二」就是這個意思。例如佛教諸佛說法有時說有，有時說無，也是太極思維陰陽的道理。又例如「無情說法，無情得聞。」前面的無情是指沒有七情的大道，七情就是喜、怒、哀、懼、愛、惡、欲。後面的無情是指心無所住的人，大道隨時都在說法，但只有心無所住的人才能聞道。大道無形生育天地，大道無情運行日月，大道無名長養萬物。老子說：「道沖而用之或不盈，淵兮似萬物之宗。」「沖」是虛的意思，宗是宗祖的意思。道體雖虛，他的作用則充滿天地萬物。《約翰福音》說：「太初有道，道與上帝同在，道就是上帝，萬物是藉著他造的。」可見《聖經》所說的上帝，就是老子所說的「道」。

有一個人問六祖慧能：「黃梅意旨誰得到？」六祖回答：「懂佛法的人得到。」問的人又問：「你有沒有得到？」六祖回答：「我不懂佛法。」六祖慧能沒有直接回答問的人，他有沒有得到黃梅意旨。六祖慧能既已得到五祖弘忍的傳承衣缽，當然是已經得到黃梅意旨。六祖慧能的回答是「我不懂佛法。」這也是悟道之人的太極說法。不懂不是真的不懂，而是剛好相反，是真懂。六祖慧能用陽的隱藏手法，也就是陰的伸張說法，所以說「我不懂佛法」。

佛法有五眼的說法，凡夫是肉眼，生命充滿限制。阿修羅是天眼，已經能夠看見人間的疾苦。阿羅漢是慧眼，能夠看到人間的虛幻與無常。菩薩是法眼，不忍眾生受苦受難，所以發願渡化眾生。佛眼就是太極，就是「道」，能夠平等看待一切。從整體來看，一即一切，一切即一。

凡事有利就有弊，有得就有失，有益就有損，也是太極的道理。中國文字在造字的時候，總是蘊藏智慧。例如思想可以產生創作力，成就偉大的作品，或發明器物。但思想又是我們煩惱的來源，煩惱來自妄想、執著、與分別，是三維生命的認知狀態與特徵。「思」屬於會意字，由「田」和「心」組合而成，代表心中有格子，心中有格子就會產生執著。「想」也是會意字，由「相」與「心」組合而成，代表心中有相，心中有相就會產生分別。而且思想如果沒有特定的指向，也會變成胡思亂想及妄想。有了執著、分別，及妄想，所以人的煩惱就永遠也斷不了。

心靈隨筆

蒙卦 ䷃

蒙，亨，匪我求童蒙，童蒙求我。初筮告，再三瀆，瀆則不告，利貞。

心的功夫修練到哪裡，往上的境界就到哪裡。

老祖宗的愛情撇步就是要永遠的感動對方

《易經》所謂的陰陽合德，就是陰陽交感的意思。陰陽的作用，就在一個「感」字，因為感，陰陽才能合。《繫辭傳》所謂「一陰一陽之謂道」，其中的一層意思，即指陰陽交感。宇宙萬物有交感才能感通，能感通才能變化，有變化才能成長。因此，陰陽交感是宇宙一切生機的來源，一切事物發生的原因。

《易經》上經的第一卦與第二卦，是「乾」與「坤」兩卦，講的是天地之道。下經的第一卦與第二卦，也就是第三十一、三十二卦，是「咸」與「恆」兩卦，談的是人倫之道。天地之道與人倫之道對照呼應。「咸」是感的意思，是一種無心的感應，因為無心才能感動。

咸卦及恆卦是人倫之道的第一步。咸是感動，恆是恆久。我們老祖宗的愛情撇步就是要永遠的感動對方，內心真情流露，不夾雜任何意圖或意欲的心。

《中庸》說：「君子之道，造端乎夫婦。及其至也，察乎天地。」儒家的君子之道，是從夫妻關係做起，亦即從人倫之道開始，等睿智發展到一定的程度後，也能了解天地之道。

我們的老祖宗，給夫妻之間做了個定位，所強調的重點是相敬如賓。相敬如賓不是保持一定的距離，而能確保安全，相敬如賓講究的是保留美麗的距離。簡單的說，就是尊重，尊重是夫妻相處的第一步，也是華夏文化的入手處。

心靈隨筆

恆卦 ䷟

恆亨，无咎，利貞，利有攸往。

尊重是夫妻相處的第一步。

懂得尊重自己的人才會去尊重別人

在林肯（Abraham Lincoln）當選總統時，整個參議院的議員都感到尷尬，因為林肯的父親是個鞋匠。當時美國的參議員大部分出身望族，都自認為自己是上流、優越的人，從未料到要面對的總統，竟然是一個卑微鞋匠的兒子。

於是，林肯有一次在參議院演說前，就有參議員計劃要羞辱他。在林肯站在演講台的時候，有一位態度傲慢的參議員站起來說：「林肯先生，在你開始演講前，我希望你記住，你是一個鞋匠的兒子。」所有議員都大笑了起來，為自己雖然不能打敗林肯而能羞辱他開懷不已。林肯等到大家的笑聲停止，坦然的說：「我非常感激你使我想起我的父親，他已經過世了，我一定會永遠記住你的忠告，我永遠是鞋匠的兒子，我知道我做總統永遠無法像我父親做鞋匠做得那麼好。」參議院頓時陷入一片靜默，林肯轉頭對那個傲慢的參議員說：「就我所知，我父親以前也為你的家人做過鞋子，如果你的鞋不合腳，我可以幫你改正它，雖然我不是偉大的鞋匠，但是我從小就跟隨父親，也學到了做鞋子的藝術。」然後他對所有的參議員說：「參議院裡的任何人都一樣，如果你們穿的那雙鞋是我父親做的，而它們需要修理或改善，我一定盡可能幫忙，但是有一件事是可以確定的，我無法像他那麼偉大，他的手藝是無人能比的。」

說到這裡，林肯流下了眼淚，所有的嘲笑聲全部化為掌聲。林肯沒有成為偉大的鞋匠，但成為偉大的總統，他最偉大的品格，正是他永遠沒有忘記自己是鞋匠的兒子，並且引以為榮。

尊嚴是人類靈魂中不可蹧蹋的東西，只有在我們能夠坦率、真誠的面對自己的時候，我們才會真正尊重我們自己，並且贏得別人的尊重。那些懂得尊重自己的人，才會去尊重別人。

《易經》中孚卦有真誠、誠信、信實、可靠等意涵。從中孚卦的卦象來看，中間二爻為陰為虛，外面上下四爻為陽為實，是典型的內虛外實的象。表示人唯有虛心於內，才能信實於外，林肯總統在參議院的表現非常符合中孚卦的義理。中孚卦的卦辭說：「利涉大川，利貞。」能夠冒險犯難成功叫做「利涉大川」，林肯總統不卑不亢，堅守正道，也非常符合「利貞」的意趣。

心靈隨筆

中孚卦 ䷼

中孚，豚魚吉，利涉大川，利貞。

懂得尊重自己的人，才會去尊重別人。

「孚」字的意境與效用

《易經》萃卦六二和九五是正應的關係，升卦九二和六五也是正應的關係。萃卦六二和升卦九二的爻辭中都有一個「孚」字，可謂意味深遠。

「孚」是象形字，從爪，從子。鳥類孵化，藉著體溫的傳遞，而孕育新生命，使新生命破殼而出。「孚」字造字的意境甚為優美，信心、耐心、愛心、恆心，盡在其中。

「孚」及「有孚」是《易經》的專門術語，代表誠信的意思。有孚之人表裡如一，言行一致，所表現出來的由衷誠信，肯定是經得起考驗的。

《易經》卦象結構中的「正應」，又稱「應與」，表示有人呼應、有人援應、有人相助、或有人提拔的意思。為什麼會有人來呼應、有人來援應、有人來相助、有人來提拔？那是因為做人真誠不欺，信守承諾，所帶來的應得福報。

周朝先太王古公亶父，因為誠信而受到族人的擁戴，為了避開敵人的威脅，而率領族人遷移到商朝首都西邊岐山的山腳下。一年建成了大村落，人愈來愈多，愈聚愈多，二年就建立了更大的都城，打下了周朝建國八百年的穩固基礎，這就是誠信的效用。

整部《易經》非常強調「孚」及「有孚」，主張人不論是處於順境，或處於逆境，都要保持一顆真誠的心。一個人內心能不能真誠，做人能不能誠信，純屬內心的自我要求，有人做得到，有人做不到，所以孟子說：「誠者，天之道也，思誠者，人之道也。」《中庸》一書更進一步說：「誠者，天之道也，誠之者，人之道也。」誠之者比思誠者更具行動力，可見真誠是人之所以為人所應遵循的正道。

萬物之中也只有人才有誠不誠的問題，人以外的萬物只有一個版本，自然的就是必然的，從生到死，從成到滅，完全依照規律而活。人要不要真誠及誠信，純屬個人可以做主的自由選擇，但有沒有誠卻會有截然不同的結果。真誠的人在外在方面，比較可能帶來貴人的相助；在內在方面，所成就的生命境界也一定比較高。

《易經》上經重天道，有「无妄」卦的真實不欺。下經重人道，有「有孚」卦的至誠不欺，上經下經所含蘊的天人之理，可謂一脈貫通，前後呼應。

天道「无妄」卦的真實不欺，是自然律則，屬於境界理論的範疇。人道「有孚」

卦的至誠不欺，是修練功夫，屬於功夫理論的範疇。境界理論與功夫理論是東方生命哲學的特色，認知思辨與邏輯論證則是西方生命哲學的特點。看來東西方生命哲學的特色各有千秋，相映成趣。

心靈隨筆

中孚卦

䷼

中孚，豚魚吉，利涉大川，利貞。

「孚」及「有孚」，是誠信的意思。有孚之人表裡如一，言行一致，所表現出來的由衷誠信，肯定是經得起考驗的。

原來只是久別重逢

因為宇宙是封閉的，宇宙內的能量是固定的，能量之間不斷踫撞的結果，會形成一再重複運作的機制。偉大哲人老子說：「反者道之動」，道的運動原理，就好比鐘擺效應般的，不斷來了又回，回了又來，一直重複的來回擺動。

《易經》論述自然規律的復卦說：「反復其道，七日來復。」蘊含重複再來，周而復始的意思。「七日來復」是比喻周期的循環反覆。一個卦六個爻走完了回到原點就是七，然後又開始循環反覆。一個禮拜從星期一到星期日七天走完了，又從星期一開始，一直循環反覆，就是「反復其道」的自然規律與法則。

宇宙內所有的人事物，在無限的時間內，都只是一再的循環往復，一再的重複出現，發生再發生。人活在世上，所遇到的任何人，其實只是「久別重逢」而已。所以，應該重視所有短暫的相遇，好好的結下善緣，因為以後又會再久別重逢。善緣會一再的重複，惡緣也會一再的重複。在宇宙固定能量的踫撞之下，所形成的「天衣無縫的天網」，沒有人能逃脫得了，所以老子說：「天網恢恢，疏而不失。」就是這個道理。

老子一書中所提的「道」，有道本身、天之道、聖人之道、以及人之道四種。「道」是指究竟真實的形上本體，萬物來之於「道」，又回歸於「道」，不斷的循環往復。天之道是指在「道」的運作下，所形成的自然規律與法則。聖人之道是指悟「道」，而為人處世能符合天之道的人。人之道是指汲汲營營於世俗的名利權勢，一生都活在天之道以外的人。萬物來自於「道」，老子稱為「出生」，回歸於「道」，老子稱為「入死」。出生入死不斷的演現。所以世上相逢之人，都是久別重逢。

儒家強調德行修養，可以步步高升，相當於禪宗的漸悟，或《易經》的漸卦，漸卦的卦象是木在山上，漸長漸高，有步步高升的意涵。道家強調智慧覺悟，覺悟與否是一個門檻，或者跨過，或者跨不過，相當於禪宗的頓悟，或《易經》的既濟卦。既濟卦的卦象是指經驗豐富的老狐狸知道翹起尾巴，以免被水沾濕，而成功渡過大河，所以既濟卦有「圓滿完成」的意涵。

老子認為在智慧覺悟的過程中，跨過門檻的，就是悟道的人；跨不過門檻的，就是沒悟道的人。老子認為世間其實只有兩種人，悟道的與沒有悟道的。悟道的人明白萬物來自於「道」，也將回歸於「道」。所以在生命的過程中，人應該清靜、無為與不爭，盡量減少不必要的人為操作，以避免因刻意的操作而帶來禍患，使自己把短暫的生命時間都浪費在收拾殘局上。

心靈隨筆

復卦 ䷗

復，亨，出入无疾，朋來无咎，反復其道，七日來復，利有攸往。

重視所有短暫相遇，好好結下善緣，因為以後會再久別重逢。

教思無窮活力四射

就本質而言，神聖與多元個性和個人尊嚴必然是衝突的，必然是不能相容的。愈是神聖的信念或概念，愈是遮蔽或吞噬多元的個性，使得個人所做的選擇或決策，不再真正有個性的因子。

神聖是可怕的，特別是絕對的神聖更可怕。神聖意謂著多元個性及理性的介入被抵擋。所謂理性的特色就是懷疑，就是批判，而神聖的信念或概念是不能懷疑的，是不許批判的，因為神聖凌駕於個人生命之上。

將概念神聖化的社會，必然離理性與民主愈來愈遠，而人們的智慧也會愈來愈蒙蔽。《易經》臨卦強調以智臨人臨事，孔子在《大象傳》中說：「君子以教思無窮，容保民無疆。」「教思無窮」就是教導百姓思考創新，釋放眾人多元個性的能量，這樣才會有百花齊放的活力四射，才能建立一個物質建設與精神文明齊頭並進，開放與進步的國家社會。

心靈隨筆

臨卦 ䷒

臨，元亨利貞，至于八月有凶。

釋放眾人多元個性的能量，才會有百花齊放，開放與進步的社會。

精當的預測能力如何可能

我們人活在世上，都希望自己能有預測與預見事物的能力，能有防患未然的能力，同時能活的快樂安逸。但是要讓上述三項盼望都能如願以償，《易經》作者認為必須做到「由豫」才有可能。「由」字是田中苗長順勢自然而上的象徵，引申為順應事物變化的自然法則。

《易經》豫卦有預測、預備與逸樂三種意涵，所以經文中說「由豫」就是指順應事物變化的自然法則，排除人情私欲的干擾，去預測，去預備，才能得到精當預測與快樂安逸的良好結果。凡事不要壓抑，也不能揠苗助長，這都會違背順應事物變化的自然法則。

「安和樂利」是理想的社會型態，也是人類存活的盼望，但天下沒有白吃的午餐，如果不能做到像老子所說的「人法地，地法天，天法道，道法自然。」是不可能有天上掉下來的禮物的。老子所說的「道」，就是自然之道，道就是自然，不是道上面還有個自然，自然就是自己如此的意思。

簡單來說，人必須領悟自然之道，效法自然之道，才可能擁有精當的預測能力，才能避免旦夕禍害，活得安樂自在。

心靈隨筆

豫卦 ䷏

豫，利建侯、行師。

人必須領悟、效法自然之道，才能避免旦夕禍害，活得安樂自在。

王道精神與王道企業

《易經》的同人卦與大有卦兩卦的義理合而觀之，就是「大同」的王道思想。「王道」是千百年來中華管理文化的核心，更是現代企業領導人必須具備的經營思維。王道與霸道是相對的觀念，前者重視包容與融合，後者強調征服與割喉。現代企業的管理思維與模式大多來自西方，尤其是美國，早已忘記中華管理文化以德服人的王道思維。

所謂「王道精神」是源自二千年前孟子所主張的「王道」政治。孟子說：「以力假仁者霸，以德行仁者王。」「霸」與「王」的差別在於「力」與「德」。孟子主張將政治與道德合一，以德行仁、以德服人來「王」天下。中國歷代的盛世政權大多重視文治，在外交關係上也是強調文化的交流與融合，而不是武力的征服，這種思維就是源自於「王道精神」。明朝鄭和七次下西洋，率領二百四十多艘海船，沿途行經三十多個國家和地區，不占領他國土地，也不搜刮當地財物，可以說是王道精神的具體表現。

王道精神表現在企業經營上，是師法孫子的「不戰而屈人之兵」與老子的「不爭之爭」與「無為而無不為」，儘量避免與其他同業正面衝突、對抗，或置對手於死地的「割喉競爭」。

王道企業家不只追求事業的成就，同時也能用心於人性的關懷，不只考量自己的企業體，同時也兼顧社會的需要。宏碁電腦創辦人施振榮先生，堪稱是典型的企業哲學家或王道企業家。王道企業家以中學為體，西學為用的思維來治理他的企業。中國的快速崛起為華人企業的發展帶來了新的契機與信心，而且中國企業的領導人也正在思索具有中華文化特色又能結合世界潮流的企業經營新模式。更重要的是西方企業也開始反思過去的經營作為，積極尋求創新的管理模式與思維。

事實上，美國的管理，特別是美國的管理教育存在著潛在的問題，最大的問題就是太強調所謂的「專業標準」，太著重量化與指標，而且重視單一指標的短期成果。企業的經營完全忽略人本與人文精神的平衡發展，以及多重目標的長期落實。在這種情況下，對於兼具中國傳統思維與西方管理訓練的企業主來說，王道精神的經營思維顯得特別有意義。

新時代的王道企業家特色：

一、吸取東西方企業經營之長、避掉東西方企業經營之短。

二、兼顧社會公益與企業利益，調合短期績效與長期價值。

三、注重「科技」與「人文」的平衡，強化王道精神與理念。

儒家強調「誠意正心」及「內聖外王」，因此，擁有王道精神的企業與組織，未來將更有可能永續經營與興盛發展。華人企業應該善用本身的文化與人性優勢，有信心的以王道精神來面對全球的激烈競爭。《論語》說：「君子務本，本立而道生。」就是這個道理。

心靈隨筆

大有卦 ䷍

大有，元亨。

擁有王道精神的企業與組織，更有可能永續經營與興盛發展。

勿問元吉

《易經》六十四卦在卦辭一開頭就說「元吉」二字的只有兩個卦，一個是鼎卦，一個是損卦。「元吉」是最為吉利的意思，「鼎」是國家重器的象徵，也是物質建設及精神建設有成的意思，當然元吉。但是損卦為什麼也元吉呢？損卦是損己利人的意思，卦辭中「元亨利貞」四德具備，人的一生只要信守損己利人的原則，必定能暢行無阻，無往不利，所謂「犧牲享受，享受犧牲。」先犧牲後享受，或捨得捨得，能捨才能得，先捨而後能得，就是先損後益的意涵。

老子不是也說：「聖人不積，既以為人，己愈有。既以與人，己愈多。」損卦《大象傳》強調減損是一種修身之道，君子的修身減損之道，就是「懲忿窒欲」四個字。人最容易一發而不可收拾的情緒就是憤怒，懲忿的「忿」即是憤怒的意思。孔子在弟子樊遲請教辨惑的問題時，孔子的回答說：「一朝之忿，忘其身以及其親，非惑與？」一時的憤怒，不只忘記了自身的安危，也忘記了父母的安危，難道不是一種迷惑。所以，孔子提出四十不惑的方法，在於節制情緒，調控情緒，才不會被沖昏了頭，無法清楚的思考。

孔子在提出君子應該修練「九思」時，第九思就說：「忿思難。」一時的衝動憤怒，常常招來終身的憂患。老子說：「善戰者不怒。」孫子也說：「主不可以怒而興師。」都在強調調控情緒的重要。

一個卦裡出現兩個元吉的爻的卦只有益卦，因為為政者能夠體察民心，施惠百姓，造福人民，就是充分實現損上益下的心意，人民當然會感恩戴德，所以益卦的初九及九五兩爻都出現元吉。初九代表藏富於民，民間活力充沛，創意無窮，所以說：「利用為大作，元吉。」九五代表悟道的統治者，自信信人，無為而治，以真誠的心施惠於民，不用占問也知道這樣一定最為吉利，所以說：「勿問元吉。」

心靈隨筆

損卦 ䷨

損，有孚，元吉，无咎可貞，利有攸往，曷之用，二簋可用享。

人的一生只要信守損己利人的原則，必定能暢行無阻，無往不利。

「王假有廟」的精神力量

現實生活讓人總是陷落在注重成敗得失與利害關係中，所以人如果缺乏德行修養、宗教情操、或宗教信仰，就可能會忘了根本，利益至上。

曾子說：「慎終追遠，民德歸厚矣。」慎終與追遠都是祭祀的宗教活動，德行修養和宗教情操提醒我們，在生命的內容中利益不是一切。一個人只要想到上有老天，有祖先，下有子孫，這種生命傳承的意識，就會讓人比較能收斂，比較能厚道，想的比較遠，不會把全部的心思都放在現實的利益上，終日奔競鑽營，不知停止。

個人有祖先及宗族的力量在支持，國家也有社（國家之神）及稷（土穀之神）在支持，這樣人心才能真正安定下來。《易經》在渙卦的格局，民心渙散時，或在萃卦的格局，要凝聚向心力時，兩個卦的卦辭中都有「王假有廟」四個字，意思是君王來到宗廟。宗廟是祭拜祖先的地方，透過祭祀的宗教活動，最適合凝聚人心，使人暫時忘記眼前的成敗得失，產生返本感恩之心，而有助於團隊合作精神的形成。

猶太人帶著可攜帶的祖國：聖經，浪跡天涯二、三千年，在這麼長的時間裡，猶太人從來沒有喪失他們的傳統，終於在西元一九四八年建立自己的國家。如果沒有宗教所產生的精神力量在支撐，猶太人早在希特勒的大量屠殺及沙漠周邊國家的排擠下渙散而瓦解，怎麼可能有今日的軍事強國以色列。

心靈隨筆

萃卦 ䷬

萃，亨，王假有廟。利見大人，亨，利貞，用大牲吉，利有攸往。

返本感恩之心，有助於團隊合作精神的形成。

保持一顆單純的心來做選擇

有一個人走進一間古董店，看一看覺得今天沒有什麼好買的，在閒逛時，他看見古董店老闆在餵貓喝水，用的竟然是宋代的窯器，他自以為這個老闆看走眼了，不識貨。他就跟老闆說：「今天沒有什麼好買的，你能不能把那隻貓賣給我。」老闆說：「行，五百八十元賣給你。」買貓的人抱著貓說：「我買了貓，總要給牠餵食喝水，你那個餵食的小盆子就順便送給我好了。」古董店老闆說：「這不行，我就是靠這個小盤子已經賣了八百多隻貓。」買貓人貪念，醉翁之意不在酒，設局欺騙古董店老闆。殊不知自己正一步步走進古董店老闆布局的陷阱中，渾然不知。

古董店老闆賣了那麼多貓，用的都是同一種手法，他掌握了人性貪婪的弱點，利用人性的這個弱點賣了八百多隻貓。小小一件買賣，彰顯了貪心與奸詐的對照。

古董店老闆先賣出了貓，而不送古董寶物，買貓的人志在騙古董，不是真心要買貓，結果聰明反被聰明誤。古董店老闆將人性的弱點抓的準準的，所以百試不爽，他設計引誘自以為聰明的人把貓賣出去，所以他是大智若愚，聰明卻假裝愚笨。

古董店老闆利用人性的弱點，設局與布局，讓那些自以為聰明而起了貪念想騙古董的人自然入甕。面對複雜的人間世，要用智慧叫做「鬥智」，用白話來說，就叫做「比智慧」。只是古董店老闆的這種智慧，不是成就生命覺醒的真智慧，只能算是謀利謀財的奸巧小智而已。

買貓的人以為古董店老闆不識貨看走眼，事實上他是大智若愚，專門騙那些把他當白癡，醉翁之意不在酒，假買貓要古董的人。這叫做鬥智，叫做比奸巧。

我們活在世上，如果明知自己智慧不高，最好守本分，保持一顆單純的心來做選擇，不要起貪念才不會踩到高手而中計。

《易經》无妄卦說不可以有幻想，不可以有妄想，不可以輕舉妄動。換句話說，就是要正心誠意，謹言慎行。无妄卦強調心念的誠，心念的真，如果讓欲望蒙蔽了理性，看不清楚事情的真相而妄想妄行，將會給自己招來災厄。

心靈隨筆

无妄卦

无妄，元亨利貞。其匪正有眚，不利有攸往。

正心誠意，謹言慎行。

人生的前半部在增加，後半部卻在減少

天下有一張無形的網，把天下所有的人都綁在一起，稱為《易經》同人卦。同樣是人，沒有人可以單獨逃開這個命運共同體的羈絆。

同人卦的卦象有光天化日、沒有私心的象徵。在光天化日之下，任何事情只要公開合理，與人來往只要沒有私心，就不會有問題。人只要是在真誠的一顆心下說出來的話，氣味會像蘭花一樣的芬芳，能溫暖他人的心，所以孔子在《繫辭傳》說：「同心之言，其臭如蘭。」「臭」是芬芳的意思，臭如蘭就是像蘭花一樣的芬芳。

同人的最佳效果為大有卦，大有卦是資源豐富，眾望所歸的意思，所以孔子在《序卦傳》說：「與人同者，物必歸焉，故受之以大有。」就卦序的排列來說，大有卦在同人卦的後面。

大有卦是大獲所有，是富有的意思。人如果能將財富當做實現理想的工具或手段，財富會順天命完成人之所以為人的美好使命，以及順天命完成自己立定的人生使命。若將財富只當做人生追求的目標或目的，那麼財富可能會給自己或別人帶來災難。

人剛剛富有的時候，必須要有憂患意識，否則很容易受外在的引誘而迷失自己，所以孟子說：「物交物，則引之而已矣。」大有卦也有「大家都有」的意涵，「大家都有」是均富思想，不是少數人壟斷一切資源。小人為物欲所害，富有時只能獨享，不能分享，所以老子說：「富貴而驕，自遺其咎。」君子富而好禮，富而能仁，所以能分享。古代說公卿的「公」，就有天下為公的的意思。君子胸懷公心，所以最後能亨通保泰；小人只有私欲，所以終究會禍害敗身。

同人卦，同樣是人，遠近大小若一。大有卦，太陽普照天下，大家都有。所以同人、大有，合稱為「大同」，是均富思想，是平權思想，是理想世界。大同世界，眾生平等，萬物為一，我為人人，人人為我。

同人卦，同樣是人。同樣是人，在生老病死的過程中，前半部會發現自己一點一點的增加，愈來愈有，愈來愈多。到了人生的後半部，恰恰相反，會無奈的發覺自己所擁有的，一點一點快速的消失，本來有的，愈來愈無，愈來愈少。這是每個人生命過程中必然的現象，看得懂，看得開的，才是明白人。

　　同人卦與大有卦合起來的意涵，就是「同樣是人，大家都有」。大家都有什麼？依照《易經》的觀點，大家都有同樣的根源，這個根源就是「太極」。大家根源一樣，當然平等，何來貴賤之分。

　　就後天的造化而言，人才有地位高低的分別。而就先天的來源而言，同本同根，自然沒有貴賤或本質的差別。套一句曹植的話：「本是同根生，貴賤何不同？」

心靈隨筆

同人卦 ䷌

同人于野，亨，利涉大川，利君子貞。

同樣是人，遠近大小若一，太陽普照天下，大家都有。

大同的理想世界

《易經》同人卦與大有卦結合起來就是大同，大同思想是古代中國傳統儒學最重要的觀念。四書五經都強調大同思想，而以《禮記．禮運大同篇》最具代表性。

在《禮經》原典上與大同對立的是小康，歷代帝王凡是政績不錯的都稱為小康之治，而真正的大同之治可就從來沒有實現過。

在中國古代只有堯舜是公天下的體制，進入夏朝以後公天下的體制就徹底消失了，取而代之的是不合理的家天下世襲體制。大同世界的理念展現在《易經》乾卦的「乾元用九，見群龍无首，吉。」這幾個字上，「群龍無首」是《易經》所標榜的最高境界，也是大同的理想世界。「無首」不是沒有首領，而是沒有任何形式的宰制和私欲，人同此心，心同此理，你有，他也有，大家都有。

「同人」的終極理想在人世間很難實現，因為現實的人際關係總是圖謀己利，充滿機詐、矛盾與衝突。同人卦從九三爻「伏戎于莽，升其高陵，三歲不興。」到九五爻「先號咷而后笑，大師克相遇。」過程中充滿勾心鬥角及刀光劍影，就是人世間在人際關係上的最佳寫照。

人世間的勾心鬥角及刀光劍影，都是因為人的生命尚未覺醒所致。其實生命過程中一切的糾葛與勝敗，到頭來都是鏡花水月一場空。西方二十世紀最有影響力的語言與心靈哲學家維根斯坦（Ludwig Wittgenstein），在逝世前所說的最後一句感人肺腑的話是：「告訴他們，我已經有過非常精彩的人生。」這是一個只活了六十三歲哲學家的臨別箴言，值得世人玩味與省思。

心靈隨筆

乾卦 ䷀

乾，元亨利貞。

「群龍無首」是《易經》標榜的最高境界，也是大同的理想世界。

隨時適變

《易經．繫辭傳》孔子說：「不可為典要，唯變所適。」這也是孔子在《論語》中所說的：「無可無不可。」的意思。

人生沒有一定不變的應世法則，應該配合客觀的形勢和主觀的條件，而適當調整。這個道理也是莊子的主要觀點之一，在《人間世》中，莊子假借孔子的口說：「若能入遊其樊而無感其名，入則鳴，不入則止。無門無毒，一宅而寓於不得已。」「樊」，是指人間的樊籠。「名」，是指虛名。「無門無毒」，暗喻沒有分別心、執著心與成見心。只將一顆虛靜的心安放在不得已上，叫做「一宅而寓於不得已」。一個有德行的人在人世間的樊籠生存，能夠不被虛名所誘惑所感應，能展現就展現，不能展現就坐罷。沒有執著，沒有成見，只將一顆虛靜的心安放在不得已上。

《易經》隨卦也是講「隨時適變」的道理，「隨」不是亂隨、盲隨，而是合理、合時、合勢的隨。「隨」是柔軟的，是彈性的，像水一樣，可以隨方就圓，可以權變無方。唯有隨到恰到好處，無過與不及，才是隨的最高境界。

《易經》六十四卦、三百八十四爻的每一爻，都是一種「時、位、人、事」互動關係的組合。「時」是指當時的際遇，「位」是指當時的處境，「事」是指當時的事件，「人」是指該事件的當事人。

人在某事件中所面對的某種際遇與處境，究竟應該採取何種回應方式，才算符合時中之道，在三百八十四爻的爻辭中，都有聖人千錘百鍊所凝練出來的相應解答。

心靈隨筆

隨卦 ䷐

隨，元亨利貞，无咎。

人生沒有一定的應世法則，應配合客觀形勢和主觀條件，適當調整。

人志與天命的辯證關係

人到了耳順之年後，回首往昔往往令人不勝唏噓。數十年過去後，故友舊識再相聚，總是各行其是，相去甚遠。有的人頭角崢嶸，有的人載沉載浮，有的人落魄潦倒，有的人歸隱鄉林，人生命運不同，抉擇不同，自然走向不同的道路。有的人看重有形的成就，有的人著重精神的修為。

《易經》作者深刻洞察人志與天命的辯證關係，坎卦為水，卦象九二具備剛中的特質，表示歷經險難，也不會失去生命的熱誠，稱為「行險而不失其信」，可以當做是人志的象徵。

巽卦為風，風吹草偃，有命令的意思，巽卦有伸展天命來行事的意涵，稱為「申命行事」，可以當做是天命的象徵。

將坎卦做為下卦，巽卦做為上卦，組合起來變成渙卦，上天命下人志，關係微妙。人生在險難中奮鬥，沒有人可以避免天命因素的干擾，問題的關鍵在於個人的意志是堅定或是薄弱？唯有能依順天命而發揮人志的人，才能冒險犯難成功，以展現及擴散自己的理想及信念，如渙卦風行水上，波形往外散開一樣。

天命和人志好像不同，其實是似異而同，似同而異，只有這樣，才能談得上人志與天命的辯證關係。

心靈隨筆

渙卦 ䷺

渙，亨，王假有廟，利涉大川，利貞。

人生在險難中奮鬥，沒有人能避免天命因素的干擾，關鍵在於個人的意志。

山窮水盡疑無路，柳暗花明又一村

《易經》六十四卦中，應屬「困」與「井」二個卦，最能闡明天命與人志辯證道理，天命是自然的客觀規律，或我們所面對的客觀形勢；人志指主觀的人能人智，或自性的稟賦潛能。

中國古代傳統學問向來擅長於身心及性命的論述，以《中庸》開宗明義的第一句話：「天命之謂性」，這五個字就可以概括。「之謂」是「就是」的意思，「天命之謂性」即「天命就是人性」的意思，這是一種辯證的說法，不是等同的意思。

《易經》困、井兩卦相續相綜，是一體兩面的兩個卦，困卦象徵天命，井卦象徵人性。天命是一種客觀的限制，不因人而有不同，即便是聖人也一樣會有受困的時候。人性含蘊人能、人智的無窮資源，只要開發得當，潛力是無窮的，不只可以己立立人，也可以己達達人，可以成就與天地齊平的無上功業。

就像井卦的挖掘，只要接通泉脈，井水滾滾而出，就能取之不盡，用之不竭，達到滋養民生，井養而無窮的目的，這就是井卦最後一爻說井水甘甜，有福同享，得到「元吉」的原因，元吉是最為吉利的意思。在《易經》六十四卦、三百八十四爻中，結束的最後一爻，總共也只有兩個爻得到元吉。一個是強調個人實踐及修為的履卦，履卦最後一爻上九說：「視履考祥，其旋元吉。」「旋」是「周旋完備」的意思，一個人在修為上已經達到功德圓滿的境地，所以獲得元吉。另一個就是可以養人無窮的井卦，最後一爻上六說：「井收勿幕，有孚元吉。」井水甘甜，自己享用，也能讓人享用，這種有福同享的寬大胸懷，令人贊賞，所以獲得元吉。

《孟子．離婁篇》所說的：「君子深造之以道，欲其自得之也，自得之，則居之安，居之安，則資之深，資之深，則取之左右逢其原，故君子欲其自得之也。」這種由深造而自得，由自得而資深，由資深而逢原的自性潛能開發工作，不正是「窮則變，變則通，通則久。」的井卦意涵嗎？孔子說：「不怨天，不尤人，下學而上達，知我者其天乎！」不怨人，不尤人相當於困卦，是孔子面對困局的態度，與「君子固窮」的義理一脈貫通。

在《論語》中，從孔子在陳蔡與匡地的受困，可以看到聖人的智慧和修為。下學而上達相當於井卦，遭遇困難挫折後，深造自得，重新出發，也能左右逢原，所謂

「山窮水盡疑無路，柳暗花明又一村。」就是這個意思。天無絕人之路，怕的是人性自己懈怠恐慌，不戰而自敗，以致於自掘墳墓。

總而言之，困卦所顯示的是天命的客觀限制，而井卦所揭櫫的是自性潛能的無限可能。前者稱為「命」，後者稱為「志」，「志命合一」正是《易經》哲學的奧義之一。

心靈隨筆

井卦 ䷯

井，改邑不改井，无喪无得，往來井井，汔至，亦未繘井，羸其瓶，凶。

人性含蘊無窮資源，只要開發得當，潛力無窮。

三、面對困難，化解挫折

險阻人生

世事無常，但人永遠不會在原地踏步。《易經》以八卦做為基本取象，藉由八卦的不同排列組合所形成的六十四卦，用來模擬宇宙人生的各種不同實相和變化。人生充滿艱難險阻，具體表現在坎、艮兩卦上。坎的三畫卦為一陽陷於二陰之中，象徵坎坷險陷。坎卦取象於水，江湖險，人心更險。艮的三劃卦為一陽橫亙於二陰之前，象徵阻礙不通。艮卦取象於山，層層相疊，形成重大阻礙。

兩個坎卦的組合成為習坎卦，內外都是險難，表示重重險難。兩個艮卦的組合成為艮卦，內外都是阻礙，表示重重阻礙。

人在生命的過程中，會有很多的險難和阻礙橫亙在前面，需要人一一去克服，去化解，所以我們可以說人生就是險阻人生，也可以說人生就是成長與修練的最佳道場。聖人在坎卦之前加上一個習字，實在含蘊深意。習字上半為羽，是鳥的羽毛，下半為白，白有日和自雙重意涵，人生的成長或修練必須靠自己，而且要日新，又新，日日新。

習坎卦著重行動力的展現，不管人生是如何的險關不斷，世路是如何的崎嶇不平，都不能喪失生命的信念和熱情，永遠必須向前奮鬥與突破。所以，卦辭說：「有孚，維心亨，行有尚。」《大象傳》說：「君子以常德行，習教事。」「心亨」就是內心要通達，一個人如果內心能夠通達，就能不怕外在的險難。《大象傳》強調「行」和「習」，就是實踐力的充分展現。

艮卦重視止欲的功夫，儘管人生阻礙重重，孟子說：「行有不得者，皆反求諸己。」老子也說：「吾之所以有大患者，為吾有身，及吾無身，吾有何患。」《大學》更說：「知止而後有定，定而後能靜，靜而後能安，安而後能慮，慮而後能得。」《六祖壇經》也說「煩惱即菩提」，煩惱與菩提實際上是一體的兩面，迷失即煩惱，覺悟即菩提。

《易經》的上經結束於坎、離兩卦，離為火，為日，為光明，表示歷經艱險後，重見光明。下經結束於既濟和未濟兩卦，既濟和未濟兩卦都有八卦的基本取象，坎卦，可見人生無常，出生入死，在險中過，也在險中死，只有這樣，生命才能生生不息。

心靈隨筆

坎卦 ䷜

習坎，有孚，維心亨，行有尚。

不管人生如何險關不斷，世路如何崎嶇不平，都不能喪失生命的信念和熱情。

險難險阻正是生命修練的最佳道場

《易經》以卦象模擬宇宙人生，真是具體而微，唯妙唯肖。《易經》作者對於人生觀察入微，認為生命的過程充滿坎坷險陷與層層阻礙。這樣的艱難險阻具體表現於坎、艮二卦之中。

坎卦卦象，上坎下坎，一陽都陷於二陰之中，象徵坎坷險陷。塵世充滿險惡，人心更是險惡難料。艮卦卦象，上艮下艮，一陽都橫亙於二陰之前，象徵重重阻礙，千山阻隔，難以突破過關。

坎卦破解之法，在於堅守生命的信念和熱誠，永遠維持內心世界的亨通，繼續奮勇向前，所以孔子說：「有孚。維心亨，行有尚。」艮卦破解之法，在於節制欲望，遭遇阻礙無法突破時，則反躬自省，暫勿妄動。所以孟子說：「行有不得，則反求諸己。」老子也說：「吾之所以有大患者，為吾有身，及吾無身，吾有何患？」

能夠時時減損自己的欲望，處處降低自己的欲求，災患也會自動化於無形。坎、艮二卦啟示世人，險阻人生正是生命修練與成道的最佳道場。

心靈隨筆

艮卦 ䷳

艮其背，不獲其身；行其庭，不見其人。无咎。

能減損自己的欲望，降低自己的欲求，災患會自動化於無形。

孔子說學習《易經》讓他的人生沒有大過

《易經》小過卦的卦象為四陰二陽，陰多於陽，陰爻多於陽爻的意思，所以為陰過，因為易例陽大陰小，因此陰過就稱為「小過」。就像大過卦的卦象為四陽二陰，陽多於陰，陽爻多於陰爻的意思，為陽過，陽為大，因此稱為「大過」。

小過是稍微過越常態，是小小的過失，及時改正，還可回到正軌。大過是大大過越常態，離開正軌太遠，出格太多，是積重難返的嚴重過失，已經無法挽回，漢朝因此稱大過卦為棺槨卦，為死卦。

一個人如果犯了小小的過失，而不當做一回事，不知及時修正，那麼積小成大，小過也會變成大過，所以小過卦的卦象中，潛藏著大過卦的卦象，就是因為這個道理。孔子說學習《易經》讓他的人生沒有大過，說的真是入木三分，貼切真實。

小過不斷是凡人的常態，重點在於是否及時回頭，將會決定卦象的走向和發展。

小過卦的卦象組合，前卦、上卦或外卦為震卦，震為動，為行，為進，為做為。

後卦、下卦、或內卦為艮卦，艮為靜，為止，為退，為不做為。這是內外、前後、上下兩股相反力量拉扯的矛盾卦象，一動一靜、一行一止、一進一退、一做一不做，在兩股力量的拉扯下，人的選擇和決斷，就決定了最後吉凶禍福的結果。

小過卦六爻中沒有一爻得吉，正是動則得咎的明示警訓，可見人生動靜、行止、進退、做與不做的選擇，不是那麼容易。一般凡人常常會選錯邊，決斷錯誤，主要的原因在於智慧不夠，經驗不足，無法看清楚眼前的情況，和即將發展的形勢，以致於或隨世浮沉，或自以為是，而釀成大過。

小過卦的前一卦為中孚卦，小過卦的後一卦為既濟卦，中孚、小過、既濟三卦相繼相續的因果關係和邏輯關係為何？中孚卦代表生命的孕育和產生，深蘊誠信不欺之理，小過卦代表生命成長過程中的跌跌撞撞，深蘊敬慎不敗之理。有了中孚卦的誠信本質，和小過卦的敬慎態度，兩者打下的厚實基礎，才會有代表階段性成功的既濟卦。

心靈隨筆

小過卦 ䷽

小過，亨，利貞，可小事，不可大事。飛鳥遺之音，不宜上，宜下，大吉。

如果犯了小過失，不知及時修正，積小成大，小過也會變成大過。

困境是考驗一個人內心是否通達的最佳時機

人處於優厚的環境，一切都很順利的時候，就會失去奮鬥的理由，失去堅強的動力，所以孟子說：「生於憂患，死於安樂。」

《易經》困卦卦辭開頭即說「亨」，「亨」是通達的意思。一個人只有在困境的檢驗下，才能真正看出他的內心是否真正的通達，是否能堅持原則，所以孔子說：「君子固窮，小人窮斯濫矣！」「固」就是堅持原則的意思。孟子也說：「居天下之廣居，立天下之正位，行天下之大道，得志與民由之，不得志獨行其道。」小人面臨困境時，為了擺脫困境，就會胡作非為，什麼下三濫的手段都使的出來。

困卦《大象傳》孔子說：「君子以致命遂志」，用犧牲生命來完成志向，這是典型的儒家思想。孔子的「殺身成仁」，孟子的「捨生取義」，荀子的「畏患而不避義死」等儒家思想的背後，其實都有著崇高的人性理想基礎在支撐。

致命遂志的這個「志」，就是完成仁義的志向，有了這種崇高的志向，於是有時犧牲，不但不是犧牲，反而是一種完成，一種神聖使命的完成。換句話說，就是用犧牲生命來完成仁義。

荀子所說的「不避義死」，意思是在必要的時候，君子不會逃避為義而死。困卦六二爻描述給一個人富貴，卻不給他實現理想，這也是另一種類型的困境。六二爻爻辭說：「困於酒食，朱紱方來。」「酒食」及「朱紱」都是富貴的象徵。給你吃的好，給你穿的好，目的卻是要把你困住，讓你動彈不得。

三國時代曹操為了收買關羽的心，用的就是這一套方法，曹操給關羽的恩賞包括金錢、官爵、美女、良駒和頻繁的盛宴等，又封關羽漢壽亭侯。

「困」有主觀的困，也有客觀的困，前者與智慧有關，後者與時運有關。去了一個不該去的地方，在不對的時間做了一件不該做的事，說了一句不該說的話，用了一個不該用的人，都會讓人陷入困境，這是智慧不夠所造成的主觀困境。

電影《十月圍城》大戲中，有一位具有楊州元素，虛構的「藝術影像」人物劉郁白，原是楊州風流倜儻的富家子弟。劉公子武功高強，十七歲時便已經是英俊瀟灑、飄逸飛揚的武狀元了。劉公子個性浪漫多情，義氣鐵骨，因為愛上了父親的女人，老父氣死，深愛的女人也在自己面前自盡，劉公子從此自甘墮落，生不如死，敗光了家產，在香港街頭過著麻痺自己，沒有靈魂，每天懲罰自己與大煙為伴的頹廢日子。

劉郁白過了十八年流浪乞丐的日子，這就是他自己給自己造成的困境，痛苦、悔恨、不甘縈繞心底，終日無法排除。「愛上一個自己喜歡的女人有錯嗎？」他的內心在吶喊，但沒有人可以給他回應。是的，在主觀愛情上他或許沒有錯，但在客觀天倫上他錯了，因為他愛上一個不該愛的女人。

至於因為時運不濟所造成的客觀困境，就只能耐心等待，等到雨過天晴，困境就會自動解除。在困卦《彖傳》中孔子說：「險而悅。」一個人在險難中，還能喜悅，還能自在，還能安祥，還能從容，這是了不起的智慧和修為。

君子處於困境中說話沒有人能相信，因此靠說話是無法脫離困境的，所以《彖傳》中孔子說：「尚口乃窮。」孔子所主張的「剛毅木訥」四個字應可做為脫困的良方。一般人在困難中，多半是愁眉苦臉，慌了手腳，多說多錯，多做多錯，最後的結果是困上加困。

總而言之，從主觀面而言，困境是考驗一個人內心是否通達的最佳時機。從客觀面而言，困境也是邁向通達的絕佳契機，端賴我們面對困境時內在的態度。

心靈隨筆

困卦

䷮

困，亨，貞，大人吉，无咎，有言不信。

只有在困境的檢驗下，才能真正看出內心是否真正通達，能堅持原則。

人間修羅場的大考

人間修羅場的景象不外是「人吃人」與「人騙人」，前者《易經》稱為噬嗑卦，後者《易經》稱為賁卦。人世間有噬就有反噬，有詐就有反詐，永遠相互作用，相互激盪，而不會停息。

在人世間這種爭權奪利，相爭相砍，生吞活剝的赤裸裸行為，有時候為了掩人耳目，避免吃相難看，常常會在表面上加以粉飾及美化，就就是「噬嗑」與「賁」的交互運用。

在適者生存的世界裡，其實沒有所謂真正的公平，公平是弱者創造的，因為他們的內心恐懼與焦慮，所以公平的訴求吶喊，可以暫時自我麻醉，以便等待有一天自己再度強大起來。而強者為了避免惹人非議，也常常刻意美化自己，以免醜態畢露，被人看穿他的真面目。

在人間修羅場，世人最容易犯的毛病，就是在名利權勢的浮華世界裡，忘了初心，汩沒了真性情。通常在人生最光彩的時候，也是人的本性最容易喪失的時候，想要如蓮花般出淤泥而不染，能夠知所節制，適可而止，真正是無比的艱難。

賁卦九三爻處於離明的巔峰，可以說是光輝燦爛到了極點，但卻能做到在世而不染；永遠保持一顆真誠的心，和一份真性情，沒有失去內在的真實本質，真是非常的不容易，所以九三爻是賁卦六爻中唯一得吉的爻。

心靈隨筆

賁卦 ䷕

賁，亨小，利有攸往。

通常在人生最光彩的時候，也是人的本性最容易喪失的時候。

驕吝必敗

孔子曾說：「如有周公之才之美，使驕且吝，其餘不足觀也已。」從孔子這句話可以看出，孔子一方面讚嘆周公無私無我、不驕不吝的道德涵養，另一方面也在勉勵弟子們，一個人如果沒有內在的涵養，光有才能是沒有價值的。

「驕」是驕傲自大的意思，「吝」是氣度狹隘、吝於改過的意思。吝是驕的本根，驕是吝的效應，因此吝的人必驕。王安石就是一個典型「吝」之人，當年變法失敗的根本原因，就是緣於驕傲自大、剛愎自用，不能打開心胸，廣納建言。王安石只想聽阿諛奉承的話，明明知道呂惠卿是典型的小人，竟然一路栽培提拔他，落得最後被呂惠卿回頭反噬的命運，再後悔也已經來不及了。

王安石因為得到宋神宗的信賴倚重，得以放手推動改革，卻因為被宋神宗重用而得意忘形，那種「下視廟堂如無人」的傲慢言行，徹底表露無遺，甚至還公然怒斥反對變法的大臣，說他們不讀書。

宋神宗曾經問過曾鞏，他認為王安石是怎麼樣的一個人，曾鞏向宋神宗說：「安石文學行義，不減揚雄，惟吝，故不及。」神宗不以為然的反駁道：「安石輕富貴，非吝也。」曾鞏再解釋說：「安石勇於有為，吝於改過。」曾鞏非常了解王安石，對於王安石性格的評價，真正是非常到位，不愧是王安石的知己好友。無奈神宗缺乏識人之明，又輕忽曾鞏忠言，導致變法美意功敗垂成。

《易經》蠱卦談變法改革，強調必須「先甲三日，後甲三日」。意思是採取變法行動之前，應仔細規劃和思慮，以取得大家的共識，切不可冒然躁進。而且在變法改革起動後，過程中也要不斷評估利弊得失，必要時能彈性變通與修正，否則很容易失敗。

心靈隨筆

蠱卦 ䷑

蠱，元亨，利涉大川。先甲三日，後甲三日。

採取改革之前，應仔細規劃和思慮，切不可冒然躁進。

項羽的失敗是敗在自己

楚漢相爭時，劉邦本來居於劣勢，後來因為韓信已經完全掌控了黃河以北的地區，項羽眼看情勢對自己不利，才被迫與劉邦議和，雙方以鴻溝為界。沒想到劉邦未遵守承諾，竟然背約襲擊項羽，項羽受到突襲，措手不及，雙方優劣情勢頓時反轉，不出半年，項羽終於兵敗垓下，自刎而死。

一代英雄，從古到今最為神勇的將領項羽，眼看大勢已去，將死前夕，寫下了氣概和深情兼具，讓人傳唱千年的一首絕命詩，名為〈垓下歌〉：「力拔山兮氣蓋世，時不利兮騅不逝，騅不逝兮可奈何，虞兮虞兮奈若何。」詩中句句悔恨與無奈。

歷史學家班固用似褒實貶的八個字：「鴻門造勢，斗璧納忠。」形容鴻門宴上的劉邦。項羽的鴻門造勢換來的是劉邦為求保命的假效忠，逃脫前劉邦留下了白璧一雙送項羽，玉斗一對送范增，班固八個字中的斗璧，就是指玉斗和白璧的合名。

項羽的失敗是敗在自己的過於自信，過於輕敵，過於婦人之仁，以及對劉邦的欠缺識人之明。老子說：「禍莫大於輕敵，輕敵幾喪吾寶。」《孫子兵法》開宗明義就說：「兵者，國之大事，死生之地，存亡之道，不可不察也。」《易經》師卦談與兵作戰之道，即明示「兵凶戰危」之理。善於用兵的韓信曾批評項羽為：「遇強則霸的匹夫之勇，遇弱則憐的婦人之仁。」真是評價的非常貼切和到位。

項羽恃強用壯，輕用其鋒，缺乏憂患意識，自認自己比劉邦強的太多，因而犯了婦人之仁優柔寡斷的致命錯誤，鴻門宴上不聽范增的話殺了劉邦，才使劉邦有乘亂逃脫的機會。

項羽沒有學過《易經》，沒有學過《老子》，沒有學過《孫子兵法》，有神勇而無謀略，不懂兵凶戰危的道理。所以項羽的失敗是敗在自己，而不是敗在劉邦。

在鴻門宴上，劉邦形同籠中之鳥，插翅也難飛，只要項羽果斷堅決，劉邦肯定難逃一死。但因為項羽性格上的優柔寡斷，加上劉邦極力的拉攏項伯，才能有機會藉由項莊舞劍的混亂場面趁機逃脫，否則歷史就要改寫了。孟子說：「雖有智慧，不如乘勢，雖有鎡基，不如待時。」所以歸結項羽的失敗不是敗在劉邦，而是敗在自己性格的優柔寡斷及欠缺知人之明。在鴻門宴上，項羽不能乘勢解決劉邦，終於給自己留下無法彌補的後患。

中國古代最偉大的戰略學家孫子早就揭示「夫惟無慮而易敵者，必擒於人」的道理。兩方作戰，不能深謀遠慮，以為沒有敵人，或認為敵人不會來，都必敗無疑。像這樣無慮輕敵而敗的歷史事例，俯拾皆是。

孫子認為：「用兵之法，無恃其不來，恃吾有以待之。無恃其不攻，恃吾有所不可攻。」以及「先為不可勝，以待敵之可勝。」這些有備無患的思想，就是《易經》憂患意識的充分展現。

心靈隨筆

師卦 ䷆

師貞，丈人吉，无咎。

兵凶戰危，有神勇而無謀略易導致失敗。

把握永恆趨向神性的生命動能

生命的覺醒是指「明」在「無明」中發展，以求打破無明的歷程。「明」是新創生命先天的良知良能，「無明」是生命後天的習染。因此，在人生命的過程中，「不明」與「無明」始終相伴而生，唯有靠自己不斷的追求「有所明」，才能使自己生命覺醒，來度過生命過程中的一切苦厄。

生命是在無明（就像烏雲一樣）中冒起，因此冒起的新生命隨即被「無明」所包圍，然而冒起後的新生命，彷彿是黑暗大海中的一點燭光，是無明中的一點「明」。這一點明是人與生俱來所擁有的靈明覺知或良知良能，就像太陽的光明一樣，具有無限的可能性，是「明的發用」的能量，是永恆的趨向於「尚未達到境界」的動能。這就好比太陽有時會被烏雲遮住一樣，但終有撥雲見日的一天。我們所謂的「有所明」，就是明的發用活動所造成的明的結果。

生命為什麼會有坎陷？老子說：「何謂貴大患若身？吾所以有大患者，為吾有身，及吾無身，吾有何患？」這裡老子所說的「有身的大患」，正是生命坎陷的源頭。有身的大患，指的是人的自然生命，人的情欲生命。人的生命有正的一面，也有負的一面，正面的生命就是人的良知良能，是創造性的，是神性的，是向上提升的。反之，負面的生命就是人的生物本能，是僵化性的，是物性的，是向下沉淪的。

《易經》開天闢地，乾、坤兩卦之後，緊接的第三個卦為屯卦。屯是象形字，象徵初生的草木穿透地面。剛剛創生的嫩草，生機乍現，萌芽之前必須歷經艱難才能穿地而出，繼續往上生長。嫩草能穿地而出的動能，是來自於它的根在地底下的蘊存涵養，等到時機成熟時，才開始展現充沛難遏的生意，這就是屯卦的意涵。

「屯」是在闡釋萬事萬物開始的艱難過程，所以屯卦的《彖傳》說：「屯，剛柔始交而難生。」萬事萬物的開始都是艱難危險的，然而不能「動乎險中」，就不能成其為始生的萬事萬物。也就是說，永恆趨向神性的生命動能，是生命動能之所以為生命動能的本性。就像流水不停的向前奔流，過程中不斷的陷落，又不斷的升起，那是一種天道生命力的自然與必然。

「屯」字意同「盈」字，是充滿的意思。意謂天地生成之後，萬物就充滿在天地之間，同時生命力也充滿在萬物之中。在萬物的生命歷程中，雖然有無窮無盡的無明與艱險，但因為萬物與生俱來的旺盛生命力，所以能夠不斷的履險而「健動」，以求突破無明，這就是「動乎險中」的精義。而人的蒙蔽與無明，就在於人的履險而不健動，也就是不能自強不息。不能自強不息，就不能像流水一樣的不斷陷落與升起，也就不能從艱難的困境中求變與突圍。

無明的產生，固然在於人本身情欲生命的陷溺執著，更在於人不能隨時察覺自己的不明。特別是在追求有所明的過程中，因為有所明的一點成就所產生的迷思，又進一步產生無明，終至永遠陷於有所明與有所不明同時產生的無明之中。

「動乎險中」是萬物奮力向上的生命動能，能不斷的健動，求變與求通。要真正去除無明，向明明邁進的精髓就在於不斷的追求心的光明，不停滯在有所明的迷思中，才會有大放光明的一天。《易經》上經開始於乾、坤兩卦，終結於坎、離兩卦，「離」就是大放光明的意思。

屯卦重視建侯蘊勢，知幾應變，與經營管理，所以卦辭說：「利建侯」，《象傳》說：「君子以經綸」。屯卦六三「君子幾，不如舍。」是說明有智慧的君子，見形勢不妙難有作為時，能當機立斷，急流勇退，先求基本面的穩固，再圖順勢發展。生命的經營與覺醒也是如此，必須先打好深厚根基，往後發展才能可大可久，遭遇任何風波險惡時，也才不會輕易被擊倒，這就是屯卦「根深葉茂」的道理。

屯卦是天地生生之後的第一卦，初九是生生之後的第一爻，初九建侯蘊勢，培元固本，守正待時，可說是將屯卦全卦的精神彰顯無遺。屯卦卦辭說：「勿用，有攸往」，「勿用」就是先不用，「有攸往」就是馬上用，先不用再用，正是屯卦的易理精髓，與乾卦先潛龍勿用，再見龍在田，可謂一理貫通，一脈相隨。

蹇卦形勢嚴峻，險象環生，《大象傳》說：「山上有水，蹇。君子以反身修德。」艱難險阻是人生必經的過程，孟子說：「行有不得者，皆反求諸己。」又說：「天將降大任於斯人也，必先苦其心志，勞其筋骨，餓其體膚，空乏其身，行拂亂其所為，所以動心忍性，增益其所不能。」正是反身修德的意思。生不逢時或時不我予，正是磨練個人心性，累積實力的最佳機緣。禪宗六祖慧能曾說：「佛法在世間，不離世間覺，離世覓菩提，恰如求兔角。」人只能在自己特定的環境中，命定的際遇中，勇敢的接受考驗與鍛鍊，才能開悟而有成就，若逃離自己特定的環境與命定的際遇，終將一無所成。

遇到艱難險阻時，我們首先要辨明形勢，量力而為，可進則進，不可進則止。當主觀條件不足時，絕不逞強躁動，以免自取敗亡。等待只是保全實力的策略性手段，靜觀其變，東山再起，才是真正的目的。所以在等待的時間，除了積極做準備外，也要不恥下問，廣結善緣，才會有貴人前來相助。

總之，人生苦厄不斷，險關重重，一層難似一層，過得了此關，過不了彼關。《易經》一書以知險阻，度苦厄為能事，學習易經正是度苦厄的般若船隻。如能時時反身修德，動心忍性，累積實力，遭逢事變時，能權衡利弊得失知幾應變，時可進則進，時不可進則止以待變，肯定能度苦離厄，重見光明。

心靈隨筆

屯卦 ䷂

屯，元亨利貞，勿用有攸往，利建侯。

遇到艱難險阻時，首先要辨明形勢，量力而為。

《易經》四大難卦的四大啟示

人一旦有了奢求，就會有貪念，有了貪念，就會有無謂的眷戀。人心總是如此醜陋，身上的傷口再多，再髒，再臭，也多不過，髒不過，臭不過醜陋的人心。

所以人活在世上，必須要有指引原則，做為自己人生航向的燈塔。特別是在這個多元複雜，價值混淆，而接近崩壞的時代，人如果沒有指引原則，內心很容易迷失，很容易瘋狂，因為是非對錯的界限已經愈來愈模糊，愈來愈難以定義，大家都自以為是，沒有原則，沒有典範，沒有模式，沒有價值，沒有信念，沒有道德，各自表述，自是而非他。

其實在這樣的大時代，內心是脆弱的，是迷思的。一旦遭遇超過自己的智慧或能力所能解決的難題，又因為人生已經沒有指引原則，沒有信仰，沒有信念，更沒有明師指導，就會很難快速脫離困境，重新開始，勢必愈陷愈深，終至心神不安，而難以自拔。

《易經》有四大難卦，代表著在我們生命的過程中，所會碰到的四種艱難困苦的處境。這四大難卦的卦象中都有坎卦，也就是都有水，而坎的意思就是危險及陷落。水可載舟，也可覆舟，水可風平浪靜，也可浪濤洶湧。這四大難卦，分別是萬事起頭難的屯卦；險難重重、步步危機的坎卦；寸步難行、進退兩難的蹇卦；坐困愁城，一籌莫展的困卦。

《易經》的四大難卦就是我們生命過程中的真實寫照，沒有人可以避免。重要的不是我們會不會踫到這四個關卡，或什麼時候會踫到這四個關卡，而是面對這四個關卡時，我們的態度是什麼？我們的智慧如何？我們的德行如何？我們的能力如何？以及我們是不是有貴人可以即時指點迷津？

孔子說：「君子固窮，小人窮斯濫矣！」孔子將君子與小人面對艱難困苦處境的態度區分的清清楚楚。孟子說：「天將降大任於斯人也，必先苦其心志，勞其筋骨，餓其體膚，空乏其身，行拂亂其所為，所以動心忍性，增益其所不能。」這也是一種非常卓越而正向的態度與信念，能讓我們在面對生命的所有挑戰時，都能把他當成是一種對自己的試煉，當成是一種完善自己的考驗，當成是上天要賦予自己重大任務前的能力儲備。

總之，人生苦厄不斷，險關重重，一關難似一關，過得了此關，未必過得了彼關。《易經》以知險阻，度苦厄為能事，學習《易經》正是度苦離厄的般若船隻。君子知道時時反身修德，動心忍性，累積實力。在遭逢事變時，又能權衡利弊得失，未雨綢繆，知幾應變。時可進則進，時不可進則止以待變，肯定能度苦離厄，重見光明。

心靈隨筆

蹇卦 ䷦

蹇，利西南，不利東北，利見大人，貞吉。

人必須要有指引原則，做為自己人生航向的燈塔。

遁退的選擇與功夫

《易經》遯卦的「遯」字，從造字來看，是部首的「辶」及「豚」的組合。「豕」是大豬，「豚」是小豬，所以從字源來看是小豬跑了。「遯」同「遁」，有「遁退」及「遁逃」的雙重意涵。

《易經》遯卦是陰長陽消的卦，小人逐漸壯盛，君子終將出局。九三、九四、九五、上六四個陽爻或說君子，在時不我予的形勢下，必須選擇遁退及遁逃，才是明智的作為。後面要思考的只剩何時退？如何退？以什麼姿態退？所以九三「不可大事」，低調保命。九四「好遯」，遯的很好。九五「嘉遯」，因為有智慧，能明辨形勢，而不戀棧，為了端正自己的志向，選擇美好的退避。上九「肥遯」，「肥」通「飛」。上九居天位之上，已經沒有執念，輕鬆自在，可以揮一揮衣袖高飛而去，遨遊在無邊無際的天空，所以退的很漂亮。遯的功夫一路從好遯，嘉遯，到肥遯，可說姿態愈來愈瀟灑，內心也愈來愈輕鬆。

在陰長陽消的卦象下，四個陽爻即將一個一個退出格局。出局的順序分別是上九、九五、九四、九三，首先被迫出局的當然是上九。假設如果有人即將退休，卻對未來感到不安，而占得遯卦上九，那麼斷卦的啟示就是毫無懸念，必須接受遁退的事實，好好享受退休後無事一身輕的感覺。此時何妨到處走走，看看風光，也是人生一大樂趣，不能再有退而不休，想要再有一番作為的迷思。

就一個組織而言，遯卦的卦象下面已經有兩個陰爻，代表底層已經徹底鬆動，而且兩個陰爻正在往上盛長，所以這個組織崩解已成定局。應付之道，或選擇退出市場，等待天時來臨，再重新進場，或轉換跑道，轉型他業。

心靈隨筆

遯卦 ䷠

遯亨，小利貞。

在時不我予的形勢下，選擇遁退及遁逃，才是明智的作為。

從容是一種境界，功夫在於涵養

從容不只是臨場的態度問題而已，其實從容是一種境界，功夫在於涵養。平時做好涵養，臨事自能從容。

所謂涵養包括事前的規劃、準備、掌控，事中的調節、應變，以及事後的心情放下與收拾。

《易經》蹇、解兩卦的精義就是在談論從容涵養，得心應手的功夫與境界。蹇卦論述寸步難行的情境，解卦論述解決問題的心境、態度、與方法。遭逢寸步難行的情境，能否順利脫離，必須靠平時的從容涵養，才有解決問題的得心應手功夫，如果只是臨時抱佛腳是行不通的。所以作者在詮釋《易經》的著作中，才將蹇、解兩卦的精義用「從容涵養，得心應手」八個字來定位。

解決問題的智慧，是從平時從容涵養而來，肯定是自修自得。決策的成敗，「自我」常常扮演著關鍵的角色，自我是一種動態的存在，有時迷失，有時覺醒，通常迷失的時間比較長，覺醒的時間比較短。所以，必須透過持續的修練與涵養，才能克服並超越自我的限制與執著，提升自己解決問題時謀定而後動的能力。

一個學《易》有得，涵養有成的君子，在解決問題時，必然懂得《孫子兵法》「靜如處子，動如脫兔」的訣竅。時機成熟前「其徐如林，不動如山」，時機成熟後「其疾如風，動如雷霆」，動靜之間的拿捏，總能恰到好處。

簡單的說，一個人面對問題時，在態度上是否從容？在能力上是否俱足？完全在於平時的功夫涵養。

心靈隨筆

蹇卦 ䷦

蹇，利西南，不利東北，利見大人，貞吉。

平時做好涵養，臨事自能從容。

掌握關鍵的時刻，發揮「蝴蝶效應」的關鍵力量

「混沌理論」是西方物理學界，繼相對論和量子理論之後，所提出的新科學理論。混沌理論認為，我們人類是生活在不斷變遷的環境中，這些變動經常相互影響，並創造出無法預期的混沌現象。用哲學的語言來說，變化是偶然性與必然性的結合，而必然性又常寓於偶然性之中。

科學上對於混沌狀態的定義，是指看來毫不相關的事件之間，其實隱藏著內在的關聯性。大自然的奧妙與強韌，遠遠超乎我們的想像，因此，混沌的永恆或許就是混沌的神秘，這與《易經》關於「陰陽不測之謂神」的說法，有異曲同工之妙。

在古老的中國，《易經》就是一本以整體觀念為基礎的宇宙本體論哲學，著名的太極圖恰似一幅概括的完整宇宙流動圖像，描繪著事物對立面永不止息的交互流動，這又與混沌理論對於世界是有機性、流動性和完整性的論述不謀而合。混沌理論彷彿又將我們帶回到古老的《易經》智慧中。

混沌理論認為，整個宇宙的系統機制，是既有規律，又無規律，是混沌無序，又秩序井然，也就是亂中有序。《易經．繫辭傳》所謂的「一陰一陽之謂道」與「陰陽不測之謂神」兩者相結合，就隱含有亂中有序的意涵。「一陰一陽」指的是變化的規律或必然性，是從此端移到彼端，再從彼端移回此端的規則。「陰陽不測」則是指變化的混沌或偶然性。由此看來，宇宙的機制是遠遠的超越了我們人類想要預測與控制的意圖和能力之外，如果人類還繼續夢想著，有朝一日能控制大自然，那根本就是一個幼稚可笑，完全無法實現的幻想。

美國氣象學家勞倫茲（Edward N. Lorenz）認為，在混沌系統中，一切事物都會經由負面與正面的反饋作用，彼此相互影響。各式各樣微小的蝴蝶，處處潛藏並掙扎欲出，一旦跨過了某個臨界點之後，系統的全面反饋作用，就開始起動並擴大效應，於是突然間一切都會出乎意料之外。

混沌理論證明了本來微不足道的細微末事，或任何極其微小的影響，極有可能隨著事態的發展，在過程中突然擴大，在某一時刻扮演著影響全局的關鍵角色，意想不到的改變了整個結果，稱為「蝴蝶效應」，中國有一句老話「牽一髮動全身」或許可以作為蝴蝶效應的最好註腳。一髮所產生的能量是暴增式的，有如《易經》太極生兩儀，兩儀生四象，四象生八卦，八卦生六十四卦……。如用二進位次元的概念來說，即1→2→4→8→16→32→64→128→256→512……。

西方諺語說，有一個鐵匠幫身為指揮官將軍的戰馬釘上鐵蹄時，有一根釘子打歪了。在戰場上，將軍的戰馬摔倒了，將軍跌落馬下死了，國家也因此滅亡了。所謂「自然界不跳躍」，就是說世界上看似不起眼的一個小小環節，也會連續發展而產生「蝴蝶效應」的巨大變化。一個鐵釘打歪，雖然只是一個小小環節，卻造成國家的滅亡，就是小小環節不跳躍，連續發展所產生的巨大「蝴蝶效應」。

在大自然與社會生活中，混沌透過蝴蝶的力量主宰著一切。任何一個人在生命的過程中，都有可能在某一個時間點，因為一首詩、一首歌、一幅畫、一本書、一句話、一個人、一場雨、一齣戲、一部影片、甚至一個遭遇而默默的產生影響，自己卻混然不知。然後這個影響繼續潛伏發酵，在生命的某一個時期，突然間對自己造成意想不到的巨大改變，讓自己大為吃驚。

勞倫茲所發現的「蝴蝶效應」，讓我們知道每個人事實上都擁有不自知的巨大影響力。一旦我們能意識到自己具有蝴蝶般的微妙影響力，就有可能成為一位智者，能在決定性的瞬間，只用蝴蝶般的微弱力量，就達到了四兩撥千金的效果。

混沌理論和易經哲學，都認為真實世界是流動不定的，任何事物都有可能改變，雖然只靠一個人的力量無法直接改變整個系統，卻有可能成為改變的最後一根稻草。最後一根稻草的力量，往往在最關鍵的時刻，發揮了最關鍵的力量，出乎意料的影響了整體系統運作與前進的方向。

《易經．繫辭傳》說：「陰陽不測之謂神」所有生命的困境，都緣於未知和不確定，不確定性是生命的常態，我們不但無法逃避，也不應逃避。如何與混沌和平共處，並成為生命過程的自覺者和參與者，才是一個值得學習的課題。

在中國《易經》一書中，「龍」被視為創意的化身，是變化與變通的典範。六十四卦的第一卦乾卦，就是一個創意的卦。乾以龍取象，龍的象徵就是混沌的象徵，因此乾卦《彖傳》有「時乘六龍以御天」的傳神描述。

《易經》認為「一陰一陽之謂道」，是自然的法則與天道的規律，亦即系統的內部總是依循著「全或無」的定律而「零壹」的運作。就像電腦系統的內部，也是以「零壹」來運算而創造表象的平衡一樣。如果將我們的身體視為一個系統，則身體中每個神經單元的運作或反應，也都是按照「全或無」的定律，「零壹」的運作著。在「零壹」的運作下，只有發出信號或不發出信號兩種選擇，身體的所有神經，卻都能因應不同的情況，而展現暫時的平衡。

同樣的道理，組織或個人的何去何從，基本上也都是「一陰一陽之謂道」的運作結果。人生每一個決策都是取決於「全或無」的運作，只能是「零或壹」。換句話說，每一個決策行為，都只能是「做」或「不做」，沒有所謂中間的選擇。假如你要做，就發出要做的訊息，若不做，就發出不做的訊息，一切決策的走向基本上都是這樣來運作的。從這個角度來看，一般所謂組織的平衡現象，其實是許多不同意見的個人，恰似神經元一樣，經由相互選擇與角力，所呈現出來的表象狀態。

人既然活在不斷變遷的世界中，不管你喜不喜歡，願不願意，都要被迫不斷的進行抉擇。個人的抉擇決定個人的方向，總體的抉擇決定總體的走向。因此，如何做正確的抉擇，並掌握關鍵的時刻，發揮「蝴蝶效應」般的關鍵力量，正是身為智人的我們急需努力的方向。

心靈隨筆

乾卦 ䷀

乾，元亨利貞。

如何做正確的抉擇，發揮「蝴蝶效應」般的關鍵力量，必須持續努力。

節制的正道

《易經》節卦談論適度節制的道理，天地因為有節制，所以四時才能正常運作。人事的道理也是一樣，凡事都應該適可而止，不可過度或不及，這就是《中庸》所說的：「發而皆中節」的深刻意涵。

處理人事的任何問題，在態度上和要求上，都要知所節制，這樣在消極面上，才不會引來意想不到的災厄，在積極面上，才能創造良好的互動循環，就像春夏秋冬一樣適時循環，永恆不息。

《易經》啟示節制的上乘功夫為「甘節」，甘於節制，心甘情願的節制，沒有半點勉強。中乘功夫為「安節」，安於節制，安然無疑的節制，沒有半點困擾，甘於節制比安於節制當然更勝一籌。至於「苦節」，苦澀的節制，痛苦的節制，《易經》認為這不是節制的正道，苦修而無成果，有時還有走火入魔，斲殺生機的危險。

身而為人應該適度節制，不論是身體方面或是知情意的心智方面，都應當以適宜的方式來節制，過與不及都不是節制的正道。

心靈隨筆

節卦 ䷻

節，亨。苦節，不可貞。

凡事都應該適可而止，不可過度或不及。

不藥自癒的調節能力

《易經》无妄卦九五爻說：「无妄之疾，勿藥有喜。」疾與喜是《易經》的專用術語。

「疾」與「喜」是對照的相反義，內心的疾病稱為「疾」，把疾治療好了稱為「喜」。「無妄之疾」是指因為欲望所產生的毛病，這種毛病不能亂服藥，服藥也無法根治，必須靠本身內在的力量去調節，去克服，同時要順其自然，就能自動康復，所以稱為「勿藥有喜」。如果走錯方向，總以為可以借重外力來救治，是不會有成效的。孔子在《小象傳》中詮釋「无妄之疾，勿藥有喜。」這句話為「无妄之藥，不可試也。」所謂「无妄之藥」就是指苦行絕欲的藥方，千萬不要嘗試。

「无妄」是沒有妄想，沒有妄念，不輕舉妄動的意思。宇宙是一個大天地，人身是一個小天地，宇宙或大自然有陰陽諧和的機制，人體也是一樣，內在也有不藥自癒的調節能力。

太極圖中陰陽交旋互動，陰中有陽，陽中有陰，象徵天人交戰的周旋，老子說：「沖氣以為和。」已經點出箇中玄機。凡是違和的人工作為，都是無效的藥方，順其自然，調和得當，肯定不藥而癒。

心靈隨筆

无妄卦 ䷘

无妄，元亨利貞。其匪正有眚，不利有攸往。

順其自然，就能不藥而癒。

智者必不多言

喋喋不休的華麗辭藻，有時候比不上一言不語的沉默無聲。言為心聲，人的言語即是他行為的影子，言多必失，言可悅人，也可傷人，所以《易經》的兌卦有「喜悅」和「毀折」兩個意思。

「兌」加上「言」成「說」，「兌」加「心」成「悅」，「兌」加上「金」成「銳」，所以言可悅人，也可傷人。言語傷人勝於刀槍，刀傷容易痊癒，言語的心傷可能久久都不能癒合。所以沉默如果是金，那麼說話就是鐵了。

多言讓人厭煩，虛言使人懷疑，輕言自取侮辱。說話點到為止即可，寧可少說，也不要多說。話說多了容易暴露自己的弱點，容易不打自招。喋喋不休的溝通習慣，會使自己的耳朵關閉，這樣會使自己的聽力減弱，也會失去學習別人智慧或經驗的機會，所以智者必不多言。

心靈隨筆

兌卦 ䷹

兌，亨，利貞。

說話點到為止即可，寧可少說，也不要多說。

以柔掩剛、不露鋒芒的外表示弱策略

《易經》訟卦論述爭訟之道，九二爻是六爻中的主爻，被上下兩個陰爻包圍，有坎險之象。

對於九二爻的義理解讀，除了解讀成被小人包圍，以致有不能伸展的窒塞之象外，亦可深入一層看到九二的精蘊。其實九二居中，也有光明之象，他看得清形勢，知道自己以下而訟上，主觀上實力不足，客觀上又陷入二陰圍困之中，必須韜光養晦，極度收斂，才能免除此一災難。所以九二處於二陰之間，除了負面上陷於坎險的客觀解讀以外，也可以做主觀上策略性應對的解讀，將九二處於二陰之中，當作以柔掩剛，外表示弱的一種掩飾策略，俾達到不露鋒芒，無心進取的欺敵效果。老子說：「國之利器不可以示人。」正是這種以柔掩剛，能克制情緒的深沉的智慧表現，也是訟卦卦辭「窒」的義理內涵。

「窒」就是處於爭訟的情境時，能夠將自己的情緒管理的很好，不露形跡。例如楚漢相爭時，劉邦自知自己實力遠遠不敵項羽，所以進入漢中地後，就下令燒絕棧道，自斷後路，以示無意逐鹿中原之意，藉此鬆了項羽的戒心，爭取休養生息，厲兵秣馬，整修軍備，擴充實力的時間，這個就是訟卦九二爻義理內涵的實務應用。

心靈隨筆

訟卦 ䷅

訟，有孚，窒惕，中吉，終凶，利見大人，不利涉大川。

被小人包圍，必須韜光養晦，極度收斂，才能免除災難。

從「密雲不雨」到「密雲下雨」如何可能

《易經》講陰陽、剛柔，談大小、強弱、虛實。依照《易經》的慣例，陽為剛、為大、為強、為實；陰為柔、為小、為弱、為虛。陰陽兩者之間若和諧互動，則相輔相成，《易經》稱為「雨」；若對立抗爭，則兩敗俱傷，《易經》稱為「血」。

《易經》六十四卦，三百八十四爻，有時候出現血象，有時候出現雨象，就是這樣造成的。「柔」有時候也可以象徵文化素養或德行修養，所以一個人如果欠缺一定程度的柔，就會變得過於剛強而不能變通，有時候會為了達到目的而不擇手段，甚至橫衝直撞。在人際關係上，因為沒有一定程度的柔來濟剛，往往自以為是，而難以與人相處。

《易經》小畜卦五陽一陰，只有六四是陰爻，《易經》的使用慣例是陽大陰小，處於小畜卦的情境中，六四要有自知之明，因為以小畜大，或以小搏大，再怎麼看都沒有勝算的可能。這個時候，最重要的是培養自己的文化素養與道德經綸，才能發揮智慧，靈活權變，利用矛盾，以小博大，以柔克剛，而保全生機。否則就會有相傷的血象出現，所以六四爻辭中有「血」字，就是這個意思。六四若能用智、用柔耐心化解，就會有上九密雲下雨的機會，所以爻辭中有「雨」字。小畜卦原來的格局是密雲不雨，終於密雲下雨，不也是扭轉乾坤的正向發展趨勢，值得珍惜，但仍應繼續收斂與自制，因為下雨只是短暫的緩解，危險仍然存在。

古人也用八卦代表月的圓缺狀況，坤卦月缺，代表農曆月末，震卦是農曆初三，兌卦是農曆初八，乾卦月滿，是農曆十五。巽卦是農曆十六，艮卦是農曆二十三。小畜卦上九已經是最後一爻，居於上卦巽卦之上，巽是農曆十六，月最為圓滿，也是開始月缺了，所以爻辭中說：「月幾望」，意思是月亮幾乎要滿盈了，這個時候要知道收斂，否則物極必反的來日不遠。若不懂得收斂和自制，就會從雲端跌落谷底，豈不是既痛苦又悲哀，誰也救不了，誰也怪不了。

心靈隨筆

小畜卦 ䷈

小畜，亨，密雲不雨，自我西郊。

人如果欠缺「柔」，會變得過於剛強、不能變通。

不受外在左右的內心境界

在中國古代文化裡，儒家特別強調人與人之間的關係，所以在《論語》中，孔子說：「君君，臣臣，父父，子子。」《易經》家人卦《彖傳》也說：「父父，子子，兄兄，弟弟，夫夫，婦婦，而家道正。正家，而天下定矣。」

第一個君是指君王的身分，第二個君是指理想君王應有的樣子，所以做為君王的要有君王的樣子。同理，做為臣子的要有臣子的樣子，做為父母的要有父母的樣子，做為子女的要有子女的樣子，做為兄長的要有兄長的樣子，做為弟妹的要有弟妹的樣子，做為丈夫的要有丈夫的樣子，做為妻子的要有妻子的樣子。

如果大家都能做到自己本分應有的樣子，那麼人與人之間的關係自然能夠和諧不爭，這也是孔子「仁」字的意涵。道家比較強調個人的覺悟與內在的安寧，所以莊子在〈逍遙遊〉說：「舉世而譽之，而不加勸。舉世而非之，而不加沮。定乎內外之分，辯乎榮辱之境。」即使全世界的人都讚揚他，他也不會因此而更加振奮。即使全世界的人都反對他，他也不會因此而更加沮喪失望。因為一個已經覺悟的真人，他能認定內在自我和身外之物的分際，也能分清榮耀和恥辱之間的界限。所以，達到這種境界的人內心平淡無波，外在高低起伏的變化，完全不能左右他。

心靈隨筆

家人卦 ䷤

家人，利女貞。

如果能做到自己本分，人與人之間的關係自然能夠和諧不爭。

無奈形勢比人強

「剝」字有兩層意義，一、削：由外而內，從外面向裡面，一層一層的剝，這種剝法看得見，容易被察覺，而提早因應。二、爛：由內而外，從裡面開始腐爛，再往外擴散，這種剝法看不見，不容易被察覺，而有所防範。

《易經》的剝卦是指由內而外，開始腐爛的剝，也就是柔變剛，小人剝除君子的現象，而且這種剝法是暗中悄悄的進行，形勢隱晦，不容易被察覺。

就一個君子來說，處於剝卦的格局或形勢，小人勢力日漸壯盛。所謂「識時務者為俊傑」，君子知道順應形勢，儉約收斂，等待時機，這是君子處於剝卦的應變良方，否則將會被小人一一剝除殆盡。

《易經》一個卦有六個爻，代表六種處境。剝卦六個爻就有三個爻是凶的，這在《易經》三百八十四爻中，是很少見到的現象。剝卦的初六爻、六二爻與六四爻，都顯示為凶象，初六是凶象剛剛出現，六二是凶象已經顯現，六四則是兵臨城下的危亡時刻。

可見對於君子而言，處於剝卦中的六二爻是多麼的危險，稍微疏忽，就可能被小人剝掉。因此君子為了活下去，應該善用柔軟的姿態，並把握可能的貴人關係，來緩和情勢，以爭取短暫的喘息空間。

《易經》強調既中又正，所以在三百八十四爻中，既中又正的爻很少會得凶。剝卦中的六二爻就是既中又正的爻，按照《易經》的體例，理當得吉才對，但剝卦的六二爻卻是得凶，關鍵就在於剝卦的形勢實在太差，而六二爻是柔爻，本身沒有實力，又沒有貴人或能人來相助，面對來勢凶凶的小人氣勢，即使有既中又正的特色，照樣不能自保。

六四爻說：「剝床以膚，凶。」剝卦有床象，小人從床足開始，依序進行剝除的行動。六四躺在床上，已經快要被小人剝爛到皮膚，比喻大難已經來到眼前。如果占問疑惑或事變，得到六四爻，縱有通天本領也無法與小人對抗，只能耐心等待壞的時機過去，才能化險為夷。世上很多事情都有他的特定時機，卜到六四爻，快則兩月，慢則兩年，小人當家的形勢才會反轉，君子才有機會重新回到台面上。

《易經》剝卦卦辭非常扼要的說「不利有攸往」，不管想要做什麼，現在都不是對的時機，已經算是聖人對於君子非常簡單扼要與乾淨俐落的的告誡。

人生行事，用與不用之間，為與不為之間的判斷拿捏著實不易，一步之差可能全盤皆輸。《易經》所謂的君子之道，說穿了不外乎「用與不用，為與不為」八個字而已。

用與不用的關鍵在於「時」與「幾」，能當時而用，當幾而用，方見用的真功夫，這也是君子處於剝卦形勢比人強的格局中應有的認識。

心靈隨筆

剝卦 ䷖

剝，不利有攸往。

識時務者為俊傑。

處變不驚的聖人與君子之勇

莊子在〈秋水〉裡，藉著孔子與子路的對話，論述窮困通達與時運的關係，以及四種不同勇氣的類型。

孔子周遊列國，到了衛國匡邑時，被人包圍，但是孔子不為所動，仍舊不停的彈琴歌唱。子路很是困惑，就進去會見孔子，說：「在這種危急的困境下，為什麼老師還能這樣的快樂呢？」孔子說：「來，我告訴你。我想擺脫窮困的境遇已經很久了，可是還是不能避免，這是天命啊。我想尋求通達的命運也已經很久了，結果還是不能如願，這是時運不濟啊。在堯舜明君的那個時代，天下沒有失意的人，這並不是因為他們很有智慧。在桀紂暴君的那個時代，天下沒有得意的人，這也並不是因為他們沒有智慧。這都是時勢造成的。在水裡行走，而不怕蛟龍的，這是漁夫的勇氣。在陸上行走，而不怕犀牛與老虎的，這是獵人的勇氣。雪白的刀子架在面前，把死亡看做像誕生一樣平常的，這是烈士的勇氣。知道窮困是命運，知道通達需要時機，面臨到大災難，而不會有所畏懼的，是聖人的勇氣。」孔子的處變不驚，是典型的聖人之勇，那是心境的一種境界。

在《論語．子罕》中，孔子說：「智者不惑，仁者不憂，勇者不懼。」在《論語．憲問》中，孔子又說：「君子道者三，我無能焉：仁者不憂，智者不惑，勇者不懼。」後來《中庸》一書，引用孔子的智、仁、勇，稱為「三達德」，表示智仁勇的不惑、不憂、不懼，是人在生命過程中可以通達無阻的三個非常重要的心理素質。孫子在〈始計篇〉中對於良將的素質，也有非常明確的要求，孫子說：「將者，智、信、仁、勇、嚴也。」勇德也是良將必備的心理素質。文天祥被捕以後，忽必烈之所以不殺文天祥，一方面是佩服他的氣節，另一方面也是愛慕他的才能。不過隨著時間的壓力，忽必烈需要在文天祥的重用與賜死上有個抉擇與了斷。這一天，忽必烈在大殿召見文天祥，親自出面勸降。文天祥面對忽必烈長揖不拜，忽必烈也不強行要求，對文天祥之惜才，可謂禮遇備至。面對忽必烈的元朝宰相許諾，文天祥回答：「我受宋朝三帝厚恩，號稱狀元宰相。今事二姓，非我所願。」忽必烈追問：「所願為何？」文天祥回答的既簡短又堅定：「願與一死足矣。」忽必烈無奈只能賜死。文天祥浩然正氣的勇氣表現，真是淋漓盡致，令人敬佩，也留芳百世。

《易經》震卦論述處變不驚的勇氣，一般而言，當危機突然來臨時，往往會讓人心生恐懼，君子若因此而能有所警覺、自省、與修練，就能養成處變不驚的勇氣，以後就不會在面對危機的突然來臨而驚慌失措，反而有泰山崩於前而不懼的勇氣，這樣就能夠亨通無阻，所以孔子在《彖傳》說「恐致福也」，因恐懼而修練，反而可以帶來福氣。

震卦可說是一個淬鍊有成的卦，在變動的歷練過程中，因為有所警覺與振奮，最後反而能夠得到亨通的吉利結果。在《易經》的卦序上，震卦是繼鼎卦而來，鼎除了是古時用來烹飪食物的器具外，更是國家權力象徵的神器。長子是執掌器物的儲君，所以在《易經．序卦傳》中，孔子說：「革物者莫若鼎，故受之以鼎。主器者莫若長子，故受之以震。」對於震卦的深刻意涵，文王說：「震亨，震來虩虩，笑言啞啞。震驚百里，不喪匕鬯。」主持祭祀的長子，對於突如其來驚動百里的強大打雷聲，能夠鎮定如常，手上所拿用來祭祀的器具，不會因受到驚嚇而掉落地上，這叫作「不喪匕鬯」。長子是主器而將繼承王位的人，不喪匕鬯意味著具備足夠的穩定力及勇氣，有不失身份，權位穩定的象徵。所以孔子在《彖傳》說：「驚遠而懼邇也，出可以守宗廟社稷，以為祭主也。」在強大打雷聲，讓遠近的人都懼怕的情境下，內心依然不動如山的成功完成祭祀宗廟的儀式，這已經充分具備接班人的條件。

老子也說：「勇於敢則殺，勇於不敢則活。」不敢也需要勇氣，例如龐大的誘惑擺在眼前，能夠凜然拒絕，就是不敢的勇氣。人生有所作為，需要勇氣，有所不為，也需要勇氣。唯有對於不義之財與不義之事的勇於不敢，才能避免災厄，活得長久，這是老子的智慧格言，值得後人謹記在心。

心靈隨筆

震卦 ☳☳

震亨，震來虩虩，笑言啞啞，震驚百里，不喪匕鬯。

因恐懼而修練，反而可以帶來福氣。

壯盛時不宜輕舉妄動

所謂：「成事不足，敗事有餘。」《易經》大壯卦四陽積累才稱「陽壯」，卦辭說「利貞」，提醒不宜輕舉妄動，要適時收斂。姤卦一陰方生即稱「女壯」，可見世間事總是建設困難，破壞容易。

不論是事業或個人壯盛到一個階段時，應該要先停下來，思考如何轉向。《易經》後天八卦象徵停止的艮卦，孔子詮釋為「艮，成之終，成之始。」艮是一個成功的終點，也是另一個成功的開始。

《易經》作者強調君子在壯盛的格局時，會考量大局，知道暫時停止不妄動，所以能夠獲得吉祥。小人在壯盛的格局時，恰恰相反，輕舉妄動，有恃無恐，而且更加用壯，壯上加壯，所以得到凶禍。

權臣鰲拜，在順治皇帝死後，玩權弄政，為所欲為，終於被康熙皇帝設計擒殺。民初袁世凱不顧二兒子袁克文的反對，仍然執意稱帝，最後一敗塗地而遺臭萬年。

袁克文為了反對父親稱帝，曾經做了兩首詩，其中一首是這樣隱喻的：「乍著吳棉強自勝，古台荒檻一憑陵。波飛太液心無住，雲起魔崖夢欲騰。偶向遠林聞怨笛，獨臨靈室轉明燈。劇憐高處不勝寒，莫到瓊樓最上層。」袁克文借詩勸諫父親，希望他能珍惜目前所擁有的，不要再有非分之想，應該聽聽百姓哀怨的心聲，趕快反省轉念，回頭是岸。否則一旦登上帝位，將會倒楣透頂，後悔莫及。

鰲拜恃功攬權，袁世凱貪得無厭，都是不知道壯盛時不宜恃壯用壯，輕舉妄動的道理，以致於不能知所進退。

心靈隨筆

艮卦 ䷳

艮其背，不獲其身；行其庭，不見其人。无咎。

壯盛到一定程度，應先停下來，思考如何轉向。

「耕者不變，歸市者不止」的仁道現象

孟子提到古代國君仁政的形象，有時候描述的真是精彩至極，令人動容。孟子說商湯去討伐夏桀，周武王去攻打商紂時，「歸市者不止，耕者不變。」老百姓看到商湯的部隊或武王的部隊經過，耕田的照樣耕田，買菜的照樣買菜，一如往常，安心無慮。因為大家都知道商湯的部隊或武王的部隊只是去討伐暴君，所以不必驚慌逃避。

《易經》比卦，對既中又正的仁君九五爻也說：「邑人不誡，吉。」邑人指自己國家的人民，「不誡」即不用告誡，內心也不會驚恐，也無需警戒。比卦九五爻是聖王仁君，出去打獵的時候，是採取「王用三驅，失前禽」的方式，三面合圍，而網開一面，如冂形般，只射背對君王而逃跑的野鹿。

孔子在《小象傳》中，詮釋為「捨逆取順」，表示仁君的氣度恢宏，對於不願歸順的就網開一面，讓他從缺口中離開。這是仁君的顯比之道，用光明正大的手段，吸引人才投奔來歸，有意願的來者不拒，沒意願的去者不追，絕不強求。

《易經》因為有孔子的詮釋，所以具有濃厚儒學的色彩。儒家境界論與功夫論的價值哲學，是通過聖人與君子的人格來表現，並彰顯在聖人生命的光彩中。聖人就是天人之道、古今之道、內外之道的集大成者，真正做到德侔天地，道貫古今。

商湯去討伐夏桀，周武王去攻打商紂，所呈現的「耕者不變，歸市者不止」的現象，就是典型聖人王道的治理效應。

心靈隨筆

比卦 ䷇

比，吉，原筮元永貞，无咎，不寧方來，後夫凶。

用光明正大的手段，吸引人才。

《易經》是最佳思維決策模型

《易經》就實用與有效的觀點來說，堪稱是最佳思維決策模型。《易經》由六個爻排列組合成一個卦，總共有六十四卦，已經是一個圓滿完備的決策模型。人的一生所有可能碰到的際遇處境，或困境問題，基本上都已經涵蓋在六十四卦的模型當中。

我們可以說《易經》的每一個卦，都是思維決策的數學模型。每一個卦的每一個爻，就代表需要解決的課題或問題，六十四卦、三百八十四爻的綜合變通應用，都可以用來做為決策的最佳指引。

《易經》的每一卦或每一爻，既是具體的，又是抽象的。因為是具體的，所以卦爻可以適用於人世間所有的一切人事物。因為是抽象的，所以卦爻都有他的固定意義，六十四卦、三百八十四爻的固定意義，已經建構完成普遍化及抽象化的指導法則與概念，因而具有永恆的諮商引導功能。

《易經》有一個卦，叫做夬卦，就是決策過程的象徵描述。「夬」字通「決」

字，也就是「決策」的意思。夬卦卦中每一個爻，都是象徵疑惑或問題。夬卦強調問題沒有弄清楚以前，不能貿然採取行動，必須等待問題核心確認後，才能採取因應的解決行動。所以決策的過程，依序為見、識、謀、斷、行五個步驟，可以簡略為知、行二個步驟。

當然「知」必須是真正的知道，而「行」必須是有效的行動，這樣的知行合一，明動合一，才能真正解決問題。例如《易經》象徵豐盛、豐富的豐卦，卦象是內卦離卦，外卦震卦，「離」是「光明」的意思，「震」是「行動」的意思，內外卦合起來的意思就是「明以動」。明意同知，動意同行，所以「明以動」也即是「知以行」，先明再動，先知再行，明動合一，知行合一，才能敬慎不敗。

心靈隨筆

夬卦 ䷪

夬，揚于王庭，孚號有厲；告自邑，不利即戎，利有攸往。

沒有弄清楚問題以前，不能貿然採取行動。

用兵的上等智慧

老子說：「善為士者不武，善戰者不怒，善勝敵者不與。」在戰爭的思維上，老子一連說了三個「不」字：不武、不怒、不與，這是老子三寶之一：「不敢為天下先」的思想延續。

「不武、不怒、不與」是一種收斂、用柔的思想，是用謀略、用間接、用柔和，來克敵制勝的方法。孫子說：「主不可以怒而興師，將不可以慍而致戰，合於利而動，不合於利而止。」孔子也說：「君子有九思，視思明，聽思聰，色思溫，貌思恭，言思忠，事思敬，疑思問，忿思難，見得思義。」「忿思難」的意思，就是說人在忿怒的時候，要冷靜思考忿怒會帶來什麼樣的災難。

一個善於克敵制勝的將帥，根本不直接與敵人正面交戰，老子叫做「不與」。孫子兵法的最高境界是「不戰而屈人之兵」，孫子說：「上兵伐謀，其次伐交，其次伐兵，其下攻城。」《易經》解卦卦辭說：「利西南，无所往，其來復吉，有攸往，夙吉。」「利西南」是「用柔」的意思，解決問題的智慧要分階段，抓重點，循序漸進，不可躁進，這就是「先無所往，再有攸往」的核心精義。

領兵作戰凡是用武力取勝的都是下策，能用伐謀、伐交而致勝的才是上策，才是用兵的上等智慧。在這方面，老子、孔子、孫子、《易經》的觀點，幾乎是不謀而合，可見智者所見略同，異曲同工。

心靈隨筆

解卦 ䷧

解，利西南，无所往，其來復吉。有攸往，夙吉。

解決問題要分階段，抓重點，循序漸進，不可躁進。

克敵制勝、激勵士氣的妙方

有沒有克敵制勝的妙方？有沒有激勵士氣的妙方？周武王請教姜太公如何激勵士氣，太公說將帥必須做到不把下屬當工具，也就是要與下屬同甘共苦，共寒暑、共勞苦、共飢餓，太公稱這樣的將帥為「禮將」、「力將」、「止欲將」。姜太公認為禮將、力將、止欲將是「三勝之將」，是克敵制勝，激勵士氣的妙方。

所以太公做結論說：「將與士卒共寒暑，勞苦，飢飽，故三軍之眾，聞鼓聲則喜，聞金聲則怒。高城深池，矢石繁下，士爭先登，白刃始合，士爭先赴。士非好死而樂傷也，為其將知寒暑飢飽之審，而見勞苦之明也。」能夠做到共寒暑、共勞苦、共飢餓的「三勝之將」，就是一流將帥。

《易經》兌卦說一個具有領導力的將帥，能苦民所苦，使人民心悅誠服，所以具有「說以先民，民忘其勞；說以犯難，民忘其死；說之大，民勸矣哉！」「兌」與「說」都是「悅」的意思，「先民」是領導人民，能讓人民「忘其勞」與「忘其死」，這是多麼偉大的領導力，當然能克敵制勝，毫無疑義。

姜太公給周武王的獻策非常符合《易經》兌卦的道理，所以自古以來《易經》就是帝王學、聖王學，不是沒有道理的。舉凡明君、謀士、儒強，《易經》是必讀的葵花寶典。

心靈隨筆

兌卦 ䷹

兌，亨，利貞。

具有領導力的將帥，能苦民所苦，使人民心悅誠服。

兌卦的領導效果

兌卦的「兌」字加上「言」字成「說」，說話的藝術在於適當到位。「兌」字加上「心」字成「悅」，說話的效果在於動人心弦。做為領導者，說話太重要了，說得好，可以振奮人心，讓人心悅誠服。

「兌」字加上「金」字成「銳」，處世的要領在於避免鋒芒太露，否則遲早自己會受傷。「兌」字加上「肉」字成「脫」，人必須知道自己的狀況，不能脫離所處的現實情境。

《易經．彖傳》說：「兌，說也。剛中而柔外，說以利貞，是以順乎天而應乎人。說以先民，民忘其勞，說以犯難，民忘其死，說之大，民勸矣哉。」說的就是英明領導所產生讓人心悅誠服的偉大效果。

《孫子兵法》所強調的五事：「一曰道，二曰天，三曰地，四曰將，五曰法。道者，令民與上同意，可與之死，可與之生，而民不畏危也。」孫子所說的「道」，與

《易經．彖傳》所說兌卦的領導效果真是異曲同工，都是因為領導者善於溝通，能產生共識，上下同心，而且能振奮人心，讓人心悅誠服，所以大家都心甘情願去冒險犯難，甚至忘了生命的危險。

《易經》作者主張作為統治階級的領導人必須先透過自我教育，與自覺學習的過程來完善自己，使自己具備聖王的理想人格，然後才能對廣大的被領導人，進行示範與感應的啟發。

簡單來說，《易經》的教育觀點用四個字來說，就是「內聖外王」。「內聖」是領導人自我教育和自覺學習的過程，「外王」則是領導人對被領導人進行示範與感應的過程。

心靈隨筆

兌卦 ䷹

兌，亨，利貞。

領導者善於溝通，可以振奮人心，讓人心悅誠服。

領導之道的典範

君道的典範或領導之道的典範，在於知人善任及虛中任賢。領導人必須懂得用賢能的人來輔助自己，不要躬親庶務，什麼都要管。

韓非在《韓非子．八經篇》上就說：「下君盡己之能，中君盡人之力，上君盡人之智。」一流的領導人是充分運用部屬及軍師的智慧。三國曹魏的劉邵在他所作的《人物志．流業篇》中也說：「主德者，聰明平淡，總達眾材，而不以事自任也。」總達眾材就是充分運用所有的人來貢獻他們的智慧，不以事自任就是不躬親庶務。秦相呂不韋及門人集體編纂的《呂氏春秋．君守篇》更直白的說：「大聖無事，而千官盡能。」「大聖無事」指領導人無為而治，「千官盡能」指人人都善盡自己的專業能力。

《易經》大有卦的六五爻正是君道的典範，六五居中又為陰爻，所以能虛中任賢。六五是離卦光明的卦主，所以有識人知人之明。六五所應與的九二又是剛中的賢才，所以能盡人之智。

大有卦的六五爻是最高領導人，本身是陰爻，又處於代表光明的離卦之中，因此有識人之明，又能廣納賢才，所以能「聰明平淡，總達眾材」。大有卦除了六五爻是陰爻外，其他五個爻都是陽爻，六五爻萬綠叢中一點紅，又是居於最高領導人的位置，依據《易經》貴寡原理，物以稀為貴，所以六五爻當然是大有卦的卦主，擁有五個陽爻的相助。依據《易經》的體例，陽為大，大代表有實力，陰為小，小代表無實力，五陽就是五大，因為大有卦擁有五陽即五大，所以大有卦也可稱為有大卦，表示這個卦，眾望所歸，規模壯盛，資源豐富。

大有卦最上一爻的上九爻說：「自天佑之，吉无不利。」這八個字是《易經》大有卦的終極境界，也是人類偉大理想的所在。孔子在《易經．小象傳》中詮釋這一爻說：「大有上吉，吉无不利也。」這是一種自助，人助，天助的自然展現。

關於「自天佑之，吉无不利」八個字，孔子在《易經．繫辭傳》一書中總共提到三次，分別說明如下：

一、詮釋大有卦的上九爻：「自天佑之，吉无不利。佑者，助也。天之所助者，順也。人之所助者，信也。履信思乎順，又以尚賢也，是以自天佑之，吉无不利也。」能充分運用所有人貢獻智慧來幫忙的，是那些能順著天理及因應時勢的人。他人所幫忙的，是那些能做到誠信的人。順、信、尚賢三項是領導人能夠獲得「自天佑之，吉无不利」的關鍵條件。領導人本身能夠做到誠信，又能思考順天行事的重要性，再加上能夠充分運用人才，自然上天會保佑他行事無往不利。

二、君子動靜的修練：「君子居則觀其象而玩其辭，動則觀其變而玩其占，是以自天佑之，吉无不利。」做為一個領導人要天天讀《易經》，做決策時，如果人智已窮，可以藉助占筮來得到指引，這樣上天也會保佑他行事無往不利。

三、易理變通的重要性：「易窮則變，變則通，通則久，是以自天佑之，吉无不利。」一面臨困窮的時候，要知道變通，能變通就能通達，能通達就能平安度過難關，這樣上天也會保佑他行事無往不利。

從孔子在《易經．繫辭傳》中三次對「自天佑之，吉无不利」八個字的詮釋，明顯可知自助才是人助及天助的關鍵條件，自己不努力，斷不會有天上掉下來的禮物。

《易經》所謂「大人」的「大」，不是指身體的大，地位的大、氣勢的大，以及權力的大。而是指胸襟的大、器識的大、視野的大、包容的大、智慧的大、以及德行的大。大人有六項「大」，當然能做到順天、誠信與尚賢三項條件。

由此可見，《易經》的「大人」是指智慧已經覺悟，德行已經圓滿，與天地同大的人，是領導之道的典範。

心靈隨筆

大有卦 ䷍

大有，元亨。

領導人必須懂得用賢能的人來輔助自己，不要躬親庶務。

通天下一氣的無心感應

《易經》否卦卦象結構，上天下地，因為天地陰陽之氣無法相感交流，所以無法創生萬物。將否卦的三、六兩個爻相互置換，便成為咸卦。經過這樣一動以後，天地陰陽之氣便能想感相應，而創生萬物。

咸卦是感應的意思，而且是無心的感應，沒有設計，沒有目的，自自然然，叫做「無心」。感應貴於真誠，真誠才能感通，能感通關係才能長久，這就是孔子「仁」字的深刻意涵。換言之，仁字包含真誠與感通兩個關鍵元素。就像天地的無心交感一樣，所以能夠不斷創生萬物，生生不息。

咸卦的大象是坎卦，有險陷的意涵，卦中卦是姤卦，有危機的意涵，錯卦是損卦，有損失、損傷的意涵。坎卦又有心病的引申意涵，在《三國演義》中，周瑜箭傷不癒，魯肅感嘆說：「周瑜是心傷而非箭傷。」心病的病因在於「既生瑜，何生亮」。華陀說：「關羽是狂妄勝於傷情，恐難靜心養傷。」果然關羽骨傷未癒，就因為狂妄而大意失荊州。周瑜驕傲是心病，關羽狂妄也是心病。人有心病就會蒙蔽心智，無法與實情相感相應，於是誤判形勢，做了錯誤的決策，導致自遺其咎的損傷下場，這就是咸卦的錯卦是損卦的義理精蘊。

孔子認為人若能以真誠體驗萬物，會發現「殊途同歸，百慮一致。」這也是莊子所說的「與天地同在，與萬物同行。」以及「通天下一氣耳」的意思，「一氣」來自哪裡？就是咸卦，無心的感應。

咸卦六二爻說：「居吉」，九四爻說：「貞吉」。「居」與「貞」都在啟示，人在感應時容易衝動，應停看聽，才不會得凶。「居」與「貞」就是停看聽，就是敬慎沉著，這樣才能如意順遂，得到吉利。

心靈隨筆

咸卦 ䷞

咸亨，利貞，取女吉。

敬慎沉著，才能如意順遂，不做錯誤的決策。

絕處逢生的智慧

《易經》用自然界的八種基本勢用交相互動組合，而產生六十四卦。用六十四卦所建構的動態變化模型，來描述宇宙人世無窮無盡的各種事相與境遇。

水與火兩種勢用就可以組合成象徵成功與失敗的既濟與未濟兩卦，啟示我們要認識水火的性能，加以巧妙運用，就可以掌握成敗。坎卦為水，也為險陷，卦的組合是上坎下坎，象徵重重險難，一波方平，一波又起，這是生命過程中的常態，不練習，不習慣，也不是生存之道，所以聖人特別在坎卦卦名之前，加一個「習」字，成為習坎卦。

聖人的用心良苦，意味也深遠，孟子說：「天將降大任於斯人也，必先苦其心志，勞其筋骨，餓其體膚，空乏其身，行拂亂其所為，所以動心忍性，增益其所不能。」一個人能在險難中動心忍性，學到生存奮鬥所需的各種本事，便能在面對各種狀況時，都能應付自如，不憂不懼。

習坎卦的九二、九五兩爻，都是陽剛居中。陽剛代表意志堅強，也代表內心誠信，居中代表處事能剛柔並濟，恰到好處，以這樣的生命力量與處世態度來冒險犯難，人生必然充滿希望。

人生艱險重重是常態，就因為有艱險的環境，才能提供我們鍛鍊心志的機會，所以孟子說：「動心忍性」，孔子說：「學而時習」，聖人洞見幽隱，所見所悟相同，異曲而同工，值得我們後學玩味體會。

心靈隨筆

坎卦 ䷜

習坎，有孚，維心亨，行有尚。

在險難中動心忍性，學到生存奮鬥的各種本事，便能對各種狀況應付自如。

四、接受挑戰，全面升級

巽在牀下的真功夫

《易經》談對現狀做巨大改變的有三個卦：

一、打破封閉體制，走向開放的「蠱」卦。

二、非常破壞，一切再造的「革」卦。

三、先與現實妥協，深入紮根，待時機成熟再浮上檯面，徹底改造既有體制的「巽」卦。

「巽」在大自然的現象為風，風可以「伏入」，進入現行體制內，需要展現伏入、低調、沉潛的功夫，《易經》稱之為「巽在牀下」，真是比喻的十足入味。

「巽在牀下」是比喻伏入的非常深，讓人摸不著，看不透，這樣就可以沒有阻力的漸漸鑽入核心，建立自己的基礎、實力、人脈、及相關資源，有朝一日就能浮上檯面，大展身手，改變現行體制的陋習。

巽卦的伏入、低調、沉潛有隱藏的意涵，最高明的隱藏是「形現而神隱」。所謂「小隱隱於野，中隱隱於市，大隱隱於朝」，「大隱隱於朝」的人就是形現而神隱的人，具有巽在牀下的真功夫，讓人摸不著，看不透。這樣有朝一日，機會來了才能大展身手，徹底改造既有的腐化體制。

心靈隨筆

巽卦 ☴☴

巽，小亨，利有攸往，利見大人。

深入紮根，待時機成熟再浮上檯面、大展身手。

認識「相反相成」的道理

《易經》乾卦第一爻初九說：「潛龍勿用」，人如果不先沉潛，充實自己，就無法飛龍在天，盡情展現。所以老子說：「曲則全，枉則直」，委曲才能保全，屈就才能伸展。《易經》乾卦從「潛龍」到「飛龍」的義理與老子「曲則全，枉則直」的道理，可謂異曲同工。

老子又說：「窪則盈，敝則新，少則得，多則惑。」低窪的才能充滿，敝舊的才能更新。因為少所以還有成長的空間，因為少可以完全消化吸收，就像讀書在精不在多一樣。多反而物極必反，走向它的對立面。以上老子所論述的，就是「相反相成」的道理。

矛盾對立是宇宙間一切事物普遍存在的現象，宇宙之所以能不斷的變化發展與生生不息，根本的原理就在於相反相成，陰陽合德。宇宙萬象的對立統一，就是根源於宇宙實體內部的對立統一，因為陰陽的開闔作用，能夠透過交感應合，而達到統一的和諧。

例如天與地是對立的，只要天地之氣相交相感，就能化生萬物。男與女是對立的，只要男女相感相交，就能孕育繁衍。所以《易經．繫辭傳》說：「天地絪緼，萬物化醇。男女媾精，萬物化生。」天地、男女、萬物都有矛盾對立的屬性，但是經由陰陽兩氣的交感應合，相反變成相成，對立形成統一。

《易經》的核心要旨，在於「觀天道以明人道」。因此，「相反相成」是天道的法則，也是人道的功夫。

心靈隨筆

乾卦 ䷀

乾，元亨利貞。

如果不先沉潛、充實自己，就無法飛龍在天，盡情展現。

涉世如涉水

《詩經》說：「深則厲，淺則揭。」「厲」是穿著衣裳過河，「揭」是撩起衣裳過河。人活在世上，世道艱險，所以涉世就好比涉水一樣，必須事先知道水的深淺，若水深就直接穿著衣裳過河，若水淺才撩起衣裳過河。

涉水如此，涉世也如涉水般，如果不能事先知道擺在自己前面狀況的難易程度，就輕率採取行動，必然是要付出慘痛代價，就像涉水而被捲入漩渦中慘遭滅頂般。

《易經》把坎卦當做水，當做險陷，在卦辭中經常提到「利涉大川」或「不利涉大川」。「大川」象徵人生的險陷，容易使人陷落，使人滅頂。《易經》除了用坎卦代表涉世的艱難外，另外也以艮卦代表人生的阻礙，艮為山，山高阻礙，難以突破。《易經》就以坎艮兩卦，象徵險阻人生，需要跋山涉水，才能完成生命的過程。

《易經》的卦象中，不論是上卦還是下卦，只要有一個坎卦或是一個艮卦，都是比較艱難的卦。譬如象徵被剝蝕殆盡的剝卦，就是因為卦象中有一個艮卦。譬如象徵淒慘戰爭的師卦，就是因為卦象中有一個坎卦。若是同時有坎卦和艮卦，情勢就更是嚴峻。譬如象徵寸步難行，舉步維艱的蹇卦，就是同時有坎卦和艮卦。譬如象徵蒙昧無知的蒙卦，也是同時有坎卦和艮卦。

險阻人生如何度過？可有破解良方？《易經》作者啟示坎卦的破解方法，在於堅守生命的信念和熱誠，永遠維持內心世界的亨通，繼續奮勇向前，所以孔子說：「有孚。維心亨，行有尚。」艮卦的破解方法，在於節制欲望，遭遇阻礙無法突破時，則反躬自省，暫勿妄動。所以孟子說：「行有不得，則反求諸己。」老子也說：「吾之所以有大患者，為吾有身，及吾無身，吾有何患？」孟子與老子的見解可謂異曲同工。

心靈隨筆

坎卦 ䷜

習坎，有孚，維心亨，行有尚。

涉世好比涉水，必須事先掌握狀況的難易程度，若太過輕率，必然會付出慘痛代價。

見惡人，无咎

《易經》睽卦論述人情離異猜疑、同床異夢、扭曲誤會、互不信任等情狀。嚴重時心病發作，甚至會出現各種光怪陸離的幻象。

《易經》睽卦第一爻提到惡人，在人際關係的交往互動中，惡人有兩個意思，一指交惡之人，二指狠毒小人。《易經》作者洞察人性幾微，主張對待交惡之人或狠毒小人，都不能顯露厭惡表情，逃避躲藏，才能避免受到傷害。所以，第一爻爻辭說：「見惡人，无咎。」

若是交惡之人，不論原因是出於誤解扭曲、利益衝突、立場對立、貪念私心、資源分配、冥頑不靈……等原因，《易經》作者主張不能排斥見面，應該保持適度接觸，只有這樣或許還有化解及融冰的可能。否則老死不相往來，不但傷了自己，也傷了對方，在恩怨情愁的糾葛之中，終身不得寧靜自在。

若是狠毒小人，更是不能得罪，否則必遭慘烈陷害，斬草除根。俗話說：「寧可得罪十個君子，也不可得罪一個小人。」因為小人心胸狹隘，心狠手辣，容不得異己。君子善惡分明，明辨是非，若因此而將嫉惡如仇的心跡顯露在言辭表情之中，被小人看穿，必不能見容於小人，一定被小人除之而後快。《易經》作者主張對付小人的方法，還是要隱藏心跡，不露形色，小心應付，才能免於災難，所以爻辭說：「見惡人，无咎。」這也只能是君子忍辱負重，不得不如此的全生保全之道。

《易經》遯卦論述韜光養晦之道，《大象傳》說：「君子以遠小人，不惡而嚴」，「不惡」就是不能讓對自己內心對於小人的厭惡感覺溢於言表。「嚴」就是君子必須嚴守善惡分際，絕不與小人同流合汙。唯有以不惡而嚴的方式對付小人，君子才能暫時保命，東山再起。

遯卦卦象，天在上，山在下，稱為天下有山，不論山再如何長高，如何進逼，終究無法穿天而過，因為天量無涯，豈是區區高山所能迄及。換句話說，小人只能得逞於一時，風光一段時間，陰長陽消的態勢終究還是會反轉成陽長陰消。

《論語》中提到孔子對待陽貨的方式，就是遯卦《大象傳》所說的：「不惡而嚴」。陽貨是季孫氏的家宰總管，一度掌握魯國實權，權傾朝野，控制魯國三桓，還囚禁主公季桓子三年，最後老天有眼，天網恢恢，疏而不漏，陽貨還是難逃失敗命運，流亡晉國。

由此看來，乍看之下，小人當道好像榮華富貴，位高權重，如陽貨、王莽、袁世凱等，最後是非自有公論，榮華富貴的曇花一現仍是小人難以逃脫的宿命。

心靈隨筆

睽卦 ䷥

睽，小事吉。

對待小人，不能顯露厭惡表情，逃避躲藏，才能避免受到傷害。

不是擁有的太少而是奢望的太多

「需要」是現在導向的，而「欲望」則是未來導向的。需要總是在此時此地，是存在性的，是由生命本身所創造出來的。欲望永遠都不是在此時此地，是非存在性的，是由頭腦所創造出來的。

存在性的需要是必要的，非存在性的欲望則可有可無。我們的煩惱與壓力常常不是因為自己擁有的太少，而是自己奢望的太多。

如果能夠擁有一顆平常的心，平淡的心，我們就能在孤獨中品味人生的滋味，在困頓中品味人生的哲理，在寧靜中淨化自己的靈魂。這樣我們才不會因為懷才不遇而怨天尤人，才不會因為人情冷暖而失望難過，才不會因為暫時得失而心理失衡。

《易經》節卦談調控而平衡的道理，節制時過猶不及。太過節制，形同壓抑的「苦節」不好，不知節制的「不節」也不好，比較好的是謹守本份，安於節制的「安節」，最高境界的節制是甘之如飴的「甘節」。

踫到別人正在為悲傷的事而傷心時，我們通常都會用「節哀順變」四個字來安慰人家。哀傷是一定會的，但適度即可，叫做「節哀」，意思就是節制哀傷，以免哀傷過頭。因為事情已經發生了，無法回頭，叫做「順變」，意思就是隨順已經發生的變化。所以節哀順便按照邏輯應該是順變節哀才對，因為要順變所以要節哀。換句話說，我們應該隨順無法挽回的變化，節制自己哀傷的程度。

心靈隨筆

節卦 ䷻

節，亨。苦節，不可貞。

擁有一顆平常的心，才不會因為暫時得失而心理失衡。

「誠」與「止」兩個字是古聖先賢的思想血脈

古聖先賢的思想血脈，盡在於「誠」與「止」兩個字。誠在於心，止在於行，心能誠，行知止，則內外兼修，德行完備，人生何憂之有？何苦之有？何懼之有？

《中庸》一書重誠，說：「誠者，天之道也；誠之者，人之道也。」又說：「不誠無物」。《大學》一書三綱八條目都在演示知止之理。《易經》无妄卦強調真誠，卦象上卦為天，下卦為雷，上卦象徵天命，下卦象徵人性，恰為《中庸》一書開宗明義所說的：「天命之謂性」，所以无妄卦的卦義等同《中庸》一書的宗旨。

《易經》大畜卦強調知止不妄動，慢慢累積實力，最後終於如莊子〈逍遙遊〉所說的「大鵬展翅，扶搖直上九萬里高空。」所以，大畜卦的卦義等同《大學》一書的要旨：知止而後能定，定而後能靜，靜而後能安，安而後能慮，慮而後能得。

心靈隨筆

大畜卦

䷙

大畜，利貞，不家食，吉，利涉大川。

知止不妄動，慢慢累積實力。

從「含章可貞」到「含章秀出」

《易經》坤卦六三爻說：「含章可貞，或從王事，无成有終。」「含章」即含藏才華，「貞」即固守不表現的意思。孔子在《小象傳》中詮釋為：「含章可貞，以時發也。」什麼時候動而展現，什麼時候靜而含藏，完全以時機為判斷行止的依據，稱為「以時發也」。

若時機成熟了，「含章固守」就變成「含章秀出」了。若「含章固守」等同於「潛龍勿用」，那麼「含章秀出」就相當於「現龍在田」了。前者為靜、為止、為勿用；後者為動、為行、為用。

「勿用」不是不用的意思，其實是「不用而用」，以不用來用。換句話說，只是暫時不用，暫時不輕舉妄動，靜心平氣的等待時機來臨。孔子說：「君子居易以俟命。」就是這個意思。「易」在這裡，解釋為平易、平常心的意思。有智慧有德行的君子，應該先含章充實自己的本事，然後再以平常心等待天命的來臨，屆時秀出無礙，大展身手，將會有一番建樹。

由此可知，因為乾卦為純陽卦，屬於陽，所以明示：「先潛龍勿用，再現龍在田，進而飛龍在天。」因為坤卦為純陰卦，屬於陰，所以暗示：「含藏可貞，謙退不爭，繼而含章秀出，黃裳元吉。」坤卦六三爻爻變成謙卦，謙具有謙退不爭及兼顧時機的深刻意涵。

人生必須先「屈」而後「伸」，先「藏」而後「用」，「伸」與「用」已經是出手採取行動了，問題是自己如果沒有「章」的本事，行動如何能精當而不敗？而「章」的本事是來自於「含」的蘊蓄涵養，這肯定不是短暫時間可以速成而見效的。所以，由「含」而「章」而「秀」，是一個「一而二而三，三而二而一」的過程，缺一不可。

心靈隨筆

坤卦 ䷁

坤，元亨，利牝馬之貞。君子有攸往。先迷後得，主利，西南得朋，東北喪朋，安貞吉。

先充實自己的本事，再以平常心等待天命來臨，屆時就會有一番建樹。

海闊天空任我行

所謂「山窮水盡疑無路，柳暗花明又一村。」人生踫到艱險的困境時，如果在態度上能夠淡定，在思考上能夠變通，就有機會度過黑暗，重見光明。

《中庸》一書說：「君子居易以俟命，小人行險以徼幸。」孔子也說：「欲速則不達」。君子能夠用平常心來等待命運的安排，這種耐心等待的修養，是人生成事的必要條件。

《易經》需卦有「需要」及「等待」兩個意涵，卦象的表面是需要的意思，深層的義理是等待的意思。從卦象來看，外卦是坎卦，坎有險陷的意思，內卦是乾卦，乾有剛健的意思，所以整個卦向就有健行遇險，躁進得凶的現象。此時絕對不能輕舉妄動，因此《易經．雜卦傳》說：「需，不進也。」例如需卦的九三爻，因為過於剛強，以致於剛愎自用，逞強輕敵，這樣在既不知己（個性過剛），又不知彼（昧勢輕敵）的情況下，將使自己陷入泥沼，而不能自拔。孫子說：「知彼知己，百戰不殆。」老子也說：「禍莫大於輕敵，輕敵幾喪吾寶。」人生行事若不能敬慎小心，失手及失敗的災厄很難逃過。

需卦論述生存需求，卦象暗示：「需之所在，正是險之所在。」所以處於需卦的情境時，既要追求自己所需要的，又要等到適當的時機，才能採取行動，心中德行和智慧的頤養可就需要一番功夫的修練了。

人一旦有需求，一時又不能正面或直接去取得，因為形勢比人強，擺在前面的風險實在太大。這個時候，如果沒有等待的涵養，因為急躁妄動，可能陷落萬丈深淵、萬劫不復的境地，再無東山再起的機會。但若只是苦苦等待，恐怕也不是唯一的辦法，這個時候就要練就「不進而進，旁通曲成」的功夫。正面或直線走不通，不如反向操作，來個另闢蹊徑，在新的方向，新的領域經營有成後，說不定原先的需求目標也間接一併達成。

「不進而進」不是「不進」的意思，而是用「不進、不躁進」的方式來前進。換句話說，就是用迂迴曲折的方式來前進。人生解決問題的智慧必須剛柔並濟，該剛時剛，該柔時柔，不能拘泥執著，而頑固不靈。

處於需卦的情境或格局時，知道自己有需求，也要想到別人肯定也有需求，但是現實的資源是有限的，而人的需求是無限的，在互不相讓的情況下，一場競爭或廝殺一定是免不了的。眼見大家都在紅海裡拚得死去活來，何不以自己的專長及特質，另外尋找乏人競爭的藍海，不是更能海闊天空任我行？

心靈隨筆

需卦

䷄

需，有孚，光亨，貞吉，利涉大川。

正面或直線走不通，不如反向操作，另闢蹊徑。

是吉凶未卜還是火候不夠

人有時候會為了對的目標，而做了錯的決策，或為了對的事，而用了錯的方法。人有時候也會為了錯的目標，而做了對的決策，或為了錯的事，而用了對的方法。前者的結局是一敗塗地，後者的結局是徒勞無功。

選對目標或做對的事，需要的是智慧，做對決策與用對方法，需要的仍是智慧。佛法的三學或三無漏學，是指戒、定、慧，亦即戒學、定學、及慧學。「戒」泛指自我約束管理力，「定」泛指心定專注力，「慧」泛指知幾觀照力，三者既息息相關，又相輔相成。

從次第的角度來看，「慧」的前提是「定」，「定」的前提是「戒」。沒有做好「戒」的功夫，就沒有「定」的功力。沒有「定」的功力，就不可能有「慧」的境界。選錯目標與做錯事，或做錯決策與用錯方法，說穿了都是因為智慧不夠所造成。佛法所說的戒學，重點在於管理自己的貪、瞋、痴三毒。三毒無法自我約束，無法自我管理，以致於讓三毒攻心，就會使人心生貪念，使人心浮氣躁，使人心生蒙蔽，這樣選錯目標與做錯決策是必然的結果。

《易經》第五十二卦的艮卦義理深刻，等同佛學《法華經》的高度濃縮。艮卦的卦象是兩山相重，有穩定不動的意象。文王對艮卦的詮釋是「艮其背，不獲其身。行其庭，不見其人。」「不獲其身」就是忘我的意思，「不見其人」就是忘物的意思。一個人能夠隨時做到忘我忘物，那已經是戒定慧三學修行的圓滿境界。孔子進一步解讀艮卦的功夫境界為「時止則止，時行則行，動靜不失其時。」行止動靜的拿捏已經爐火純青，得心應手，完全可以與時俱進並且與時配合，不會錯失良機，叫做「不失其時」。

由此可見，艮卦的功夫境界如同戒定慧三學的修學圓滿境界。一個生命已經高度覺醒的人，怎麼可能在生命的過程中，選錯目標或做錯決策。

心靈隨筆

艮卦 ䷳

艮其背，不獲其身；行其庭，不見其人。无咎。

無法自我管理，就會心生貪念、心浮氣躁、心生蒙蔽，做錯決策是必然結果。

「危言危行」與「危行言遜」

《易經》否卦的「否」字，是「不」和「口」的組合，有不能開口、不可開口、不用開口的意思。在否境小人當道的時局，不利君子堅持原則，應順應形勢退隱。

儒家思想講究「合時宜」，做為一個君子應該學會依據具體情況，依據不同情況，來決定自己的動靜、進退、行止。因此，「邦有道則仕，邦無道則隱。」同理，「邦有道，危言危行；邦無道，危行言遜。」若是處於泰卦君子當道的時候，君子說話可以正直，行為可以正直，稱為「危言危行」。反之，處於否卦小人當道的時候，君子行為要正直，但是說話就要謙遜了，稱為「危行言遜」，這樣才能避免被小人加害。孟子稱讚孔子是聖之時者：「可以仕則仕，可以止則止。可以久則久，可以速則速。」應該不是虛言才對。

身處否卦格局，對於君子而言，為了避難不得不裝傻，裝笨，所以有口不能言，不可言。對於小人而言，利字當頭，權字當頭，鴻運當頭，說話總是言不由衷，不可盡信。孔子在《大象傳》中，認為君子在否卦時的應有處世之道是：「儉德避難，不可榮以祿。」儉德避難的「儉」是約束、收斂的意思。「儉德」的「德」是指行為表現、才華的意思，「不可榮以祿」，是不可謀取祿位來顯耀自己的意思。所以「儉德避難，不可榮以祿。」就是用約束表現，隱藏才華，收斂修德，不去謀取祿位來顯耀自己的方式，來避免災難。在亂世時，千萬不要強出頭，子路的下場就是因為強出頭，不知道收斂的緣故。

人生有上場的時候，也有下場的時候。萬物的榮枯都有適當時機，一旦輪到自己上場時，就要好好表現。反之，一旦輪到自己下場時，就要瀟灑坦然，這才是老子所說的：「天地不仁，以萬物為芻狗。」的深刻意涵。

心靈隨筆

否卦 ䷋

否之匪人，不利君子貞，大往小來。

在否境小人當道的時局，君子必須隱藏才華，收斂修德，才能避免災難。

鑑往可以知來，為時不晚

元月的英文January，源自古羅馬的兩面神Janus，一面回顧過去，一面展望未來。新的一年開始，正是每個人必須做的一件事，所謂「往者已矣，來者可追。」鑑往可以知來，為時不晚。

整部《易經》其實都在教人「時」、「勢」、「實」三個字。時變，勢就變。勢變，實就變。所謂「形勢比人強」，就是這個道理，形勢已經是現實，已經是事實。所以《論語》開宗明義就說「學而時習之」，《易經》隨卦也教我們要隨時適變，與時俱進。舊的考驗終究已經過去，所有的成敗得失再也無法改變，思考如何即時面對新的考驗，全力以赴，才是務實的態度。

《易經》離卦初九爻辭說：「履錯然，敬之无咎。」離卦是太陽，象徵光明。每天太陽出來，都是一個新的開始，面對錯綜複雜的世間事，為了避免踏錯一步，遭來災厄，必須戰戰兢兢，如履薄冰，敬慎從事，才能免除災難，稱為「敬之无咎」。

《易經・繫辭傳》把占筮看作是一個「彰往察來」的過程。透過筮數的變化，來確定卦象並決定吉凶的過程，稱為「彰往察來」。換言之，這是一個透過了解過去事物變化的規律，來推斷未來發展的過程，具有鑑往知來的功能。

《易經》是前知的預測學，可說是人類最早的心理諮商學。《易經》六十四卦、三百八十四爻，所蘊含的哲理具有很高的抽象性、包容性、多面性、靈活性、變化性、層次性、辯證性與啟示性，因而可以用來作為鑑往知來之用。

心靈隨筆

離卦 ䷝

離，利貞，亨，畜牝牛吉。

成敗得失無法改變，思考如何面對新的考驗，全力以赴，才是務實的態度。

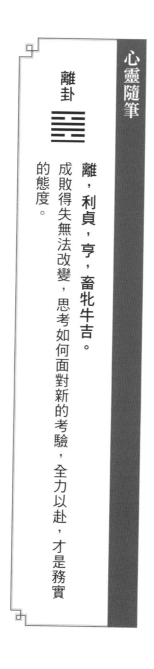

《易經》偉大的辯證思維

孔子在詮釋《易經》的《繫辭傳》中說：「一陰一陽之謂道。」及「陰陽不測之謂神。」前者在表達事物變化的「必然性」，後者在說明事物變化的「偶然性」，必然性與偶然性其實是緊密聯繫而不分離的。

必然性必須透過偶然性來表現自己，所以我們所看到宇宙人生的很多現象，常常誤以為是偶然性，其實背後是必然性到達一定的程度後，才以偶然性的姿態出現。事物產生的真正原因，不在於看得見的偶然性，而是看不見的背後因果關係所累積的必然性。

孔子說：「易，窮則變，變則通，通則久。」宇宙人世間的所有事物，當他的量達到極限，不能再保持原來的狀態時，就會陷入窮困的境地，稱為「窮」。在窮困的狀態中，如果能夠採取創造性的適當應變措施，就稱為「變」。然後透過這個適變措施，原先窮困的狀態就會產生質變，進入一個新的量變狀態，稱為「通」。於是這個新的良好狀態就能維持一段比較長的時間，稱為「久」。《易經》經文中所謂的吉凶，意指成敗得失的暫時狀態，與世俗人所說的「時運禍福」，意義不盡相同。因此，《易經》哲學的目的就是在讓人明白吉凶的道理，指導人們在一定的條件下，做什麼？或不做什麼？怎樣做？或不怎樣做？這是取得成功，避免失敗的關鍵因素。

「一陰一陽之謂道」七個字是《易經》的辯證思維，事物變化的根本規律就是陰陽的對立、轉化與統一，這種思維稱為辯證思維。《易經》肯定變化的普遍性和永恆性，認為統一之物永遠分為陰陽兩個部分，陰陽的相互對立和轉化，永遠是事物變化的原因。孔子在《繫辭傳》說：「天地之大德曰生……生生之謂易」，「生」是指變化發展，「生生」是指變化發展的普遍性和永恆性。換言之，「易」就是變化不已的過程。所以莊子說：「易以道陰陽」，司馬遷說：「易以道變化」，程頤說：「易，變易化，隨時變易以從道也。」所以「易」就是生了又生，生生不息的過程。

對立統一及轉化的思想，在《易經》的卦象和爻辭中隨處可見。例如，恆卦深刻論述「常」與「變」的對立統一關係，認為恆久之道的關鍵，在於「守常」與「權變」兩者的交互應用。凡是守常過當或權變過當，都不是恆卦的正道。恆卦初六與九四因為同屬拘泥守常，不知權變的人，所以前途多艱。九三與上六因為同屬好變，不知守常的人，所以不是得羞，就是得凶。

「反者道之動」五個字是老子的辯證思維，老子認為事物發展到一定的程度後，就會向他的對立面發展。所以老子的名言：「禍兮福之所倚，福兮禍之所伏」，「正復為奇，善復為妖」就是反者道之動的意涵。事物的正面中總是包含著反面，肯定中總是包含著否定，甚至我們所看到的正面與肯定的東西，是通過反面與否定的形式，才能表現出來的。所以對於現存事物肯定的理解中，同時也要包含著對於現存事物否定的理解，才是「反者道之動」的意思。

明白了老子「反者道之動」的道理後，在現實生活中的功夫操作，就要如老子所說的：「大直若屈」，「大巧若拙」，「大辯若訥」。《易經》六十四卦中，象徵成功的是既濟卦，象徵失敗的是未濟卦。「濟」是渡河的意思，「既濟」表示已經渡河成功，所以象徵成功。「未濟」表示渡河尚未成功，所以象徵失敗。既濟卦整體格局雖好，但表現在一卦中六個爻的個別處境，只有開始的初九爻得到「无咎」，其他的爻都要戰戰兢兢，才能免於災難。未濟卦整體格局雖然不如既濟卦的亨通，但表現在一卦中的六個爻的個別處境，卻有三個爻得到「吉」，一個爻得到「无咎」。這就是《易經》非常獨特而又深刻的辯證思維，用意在突顯人的主觀能動性的重要，與孟子

「生於憂患，死於安樂。」的見解若合符節。

處於既濟成功的局勢中，容易使人產生安樂的心，沉迷在安樂之中而忘了憂患的存在，因而失去了進取與創造的心。而當處於未濟失敗的局勢中，反而容易讓人產生戒慎恐懼的心，激發個人能動性的強大力量，而轉化劣勢成優勢，這就是《易經》深刻而偉大的辯證法思維，在既濟與未濟兩卦中，可謂表現的淋漓盡致。

心靈隨筆

未濟卦 ䷿

未濟，亨。小狐汔濟，濡其尾，无攸利。

生於憂患，死於安樂。

境界的開顯需要透過功夫的修練

莊子說：「聽止於耳」，意思就是耳止於聽，凡是指用耳朵聽，印象都是膚淺的，所以莊子說：「無聽之以耳，而聽之以心。」

用心聽會比較深刻，但又會陷入心的執著，心能認知，也會執著，心一旦執著就不靈活了，就僵化了，只聽想聽的，能聽的，必須符合自己心中執定的認知與標準，才能聽進去，所以莊子說：「心止於符」。「符」就是符合的意思。

心的執著或不執著是就價值論來說的，不是以西方的知識論而言。莊子講的「知」或「心知」與佛陀說的「知」都是價值論下的一種執著，於是莊子接著說：「無聽之以心，而聽之以氣。」用氣聽就是無心的聽，才能產生相應。《易經》咸卦談無心的感應，類似莊子的以氣聽。

莊子對氣的詮釋是：「氣也者，虛而待物者也」，「心虛」也就是「心空」，就是「無心」，「心空」才能「靈」，合稱「空靈」。一顆空靈的心，才能真正與外物相感相應，水乳交融。莊子對於虛有他自己獨到的見解，他認為「虛者，心齋也。」可見莊子心目中的「心齋」就是指心虛的齋戒功夫，透過心齋的修練，心就能達到「無」的狀態，因此我們可以對莊子的「心齋」做這樣的解讀：原來心齋就是無心，等同《易經》咸卦的無心感應、氣化感應。

莊子所說的這個氣不是被禁錮在心知下的形而下的氣，而是解消心知的執著，超離在心上的形而上的氣。簡單來說，就是心的空無狀態，唯有心能達到空無狀態，才能如明鏡般如實的反映或照現天下萬物。

比較「聽之以心」與「聽之以氣」，前者有標準、有標籤、有畫符，後者則是空靈、虛靜，沒有自我，沒有判準，空空如也，莊子用「吾喪我」來形容這種忘我忘物的狀態。莊子認為只有這種無心的狀態，才能「通天下一氣耳」，才能「遊乎天地之一氣」。也就是說，用一氣的無心去感通天下人，去遨遊天地宇宙間，這是何等的逍遙遊，何等的自在啊！

總而言之，境界的開顯如「通乎天下」，如「遊乎天地」如「虛而待物」……等等，都是透過修練的功夫而開顯的境界。

莊子心齋的功夫，開顯了「聽之以氣」的境界。

心靈隨筆

咸卦 ䷞

咸亨，利貞，取女吉。

唯有心達到空無狀態，才能如明鏡般如實的反映或照現天下萬物。

一字兩用的太極精神

古代有很多字是正反相通的，非常符合太極的精神，陰即是陽，陽即是陰。例如「治」與「亂」可以互用，「祥」與「禍」可以互用，「毒」與「救」可以互用。

《論語．泰伯》說：「舜有臣五人而天下治，武王曰：『予有亂臣十人。』」所謂亂臣就是能撥亂反正的治臣。《易經》履卦上九爻辭說：「視履考祥，其旋元吉。」在這句話中，「祥」不只是指吉祥而已，也包括凶禍，亦即是吉凶禍福的意思。履卦的「履」有禮、理與務實實踐、腳踏實地的三重意涵，依人情義理所制定的禮法，人必須確實執行。

履卦形容人生一路走來，好像走在老虎的後面，一不小心踩到老虎的尾巴，就會被老虎轉身過來把自己咬死，所以必須戰戰兢兢，如臨深淵，如履薄冰。人生的過程中必然有許多的麻煩險難，如果能夠處處知禮明理，按照禮儀，遵從道理來行走這一生，而且能夠周旋完備，就不但能順利通過，而且還有可能獲得元吉告終，「元吉」

是《易經》的占斷辭，是最為吉利的上上結局。履卦上九爻辭說：「其旋元吉」就是最圓滿的結局。

另外《易經》師卦的《彖傳》也提到師卦的核心奧義是「行險而順，以此毒天下，而民從之，吉又何咎矣！」一句中的「毒」字是「救」的意思，一個能夠帶領天下人走向光明大道的聖王，在遭遇危險的關鍵時刻，不會逆勢而為，能夠依理順勢來帶領天下人度過險關，天下人也都樂意追隨，如此上下一心，眾志成城，又怎麼會有災難呢？

心靈隨筆

履卦 ䷉

履虎尾，不咥人，亨。

人生一路走來，必須戰戰兢兢，如臨深淵，如履薄冰。

君子要知道「永終知敝」的道理

心思不定，浮躁衝動的現象，《易經》稱為歸妹卦。歸妹卦取象少女懷春，未經深思熟慮就衝動出嫁，最後落得一個遇人不淑，美夢成空的下場。文王觀象論斷，在卦辭上就說：「征凶，无攸利。」已經預告凶象的結局。

歸妹卦最後一爻的上六說：「女承筐无實，士刲羊无血，无攸利。」孔子在《小象傳》詮釋說：「上六無實，承虛筐也。」承虛筐就是難以成事的象徵，有名無實的結局，最後終於得到驗證。面對終身大事必須小心謹慎，人生不如意事十之八九，花好月圓之事其實不多。歸妹卦《大象傳》因此啟示我們如何面對與善處，說：「君子以永終知敝。」人生欲得善終，必須做最壞的打算，同時也必須做最好的準備。

堯傳位給舜時，特別叮嚀說：「四海困窮，天祿永終。」治理天下，如果讓蒼生困窮，天命祿位也會結束，就是這個道理。

心靈隨筆

歸妹卦 ䷵

歸妹，征凶，无攸利。

做最好的準備，做最壞的打算。

《易經》八字箴言

《易經》是一本講變化的書，也是一本講變通的書。認為一個人隨時都是處於一個複雜而變化的環境中，並受時間與空間的制約，不可能為所欲為，因此必須隨時認識自己的處境，擬定適當的因應對策。

《易經》用既濟卦，象徵渡河成功，事情已成。既濟卦的卦象組合是下離卦上坎卦，有從光明走向危險的趨勢。因此既濟卦的下面三爻平安無事，諸事順遂，上面三爻則漸起風波，由吉轉凶，所以卦辭說：「初吉終亂。」「終亂」是終止則亂，如果沒有危機意識，停止了創造，就會翻轉情勢，轉向波濤凶險的局面。

《易經》既濟、未濟兩卦的卦象，都是取狐狸渡水作為象徵，未濟卦以小狐渡水取象，因為渡水經驗不足，開始的時候能濟，最終的時候不能濟。反之，既濟卦以老狐渡水取象，因為渡水經驗豐富，知道如履薄冰，戰戰兢兢，開始當然能濟，完成階段性目標後，又因安而忘危而變盤轉凶，可見慎始不易，善終更難。老子也說：「民之從事，常於幾成而敗之。慎終如始，則無敗事。」可見，只有具備憂患意識，又能堅持到底的人，才能真正成功。

《易經》哲理的辯證性，在於強調事物變化的可能性與不確定性，吉是將來可能吉，而不一定是吉；凶是將來可能凶，而不一定是凶。因此，既濟卦的下卦雖然存在有獲吉的可能性，但可能性只是可能性，要變為現實性，還有待各人的智慧與努力而定。例如既濟卦初九陽剛，有能力渡險，卻不輕舉妄動，所以能夠沒有災難。反之，未濟卦初六陰柔，無能力渡險，卻急於求渡，故有困難過失。

既濟卦的卦辭「終亂」，孔子詮釋為「終止則亂」，加上一個「止」字，義蘊已經完全不同。孔子將客觀的必然性，轉化為主觀的能動性，主要在強調事物發展變化的過程中，人為因素所能產生的決定性作用，特別是當一個人在既濟卦成功時，心態上的驕而忘憂，行動上的止於安樂，常常是事情由成轉敗的主要關鍵。

《易經》重視終始，不只要慎始，也要慮終。處於既濟卦成功時，能認清由成轉敗，由吉轉凶的可能性，知道一時的成功，不能確保永遠的成功，所以更要有憂患意識，才能避免走向反向的發展。因此，既濟卦初九「濡其尾」，狐狸沾濕尾巴，象徵自我節制，不要衝的太快，而上六「濡其首」，狐狸已經滅頂，災厄臨身，都是明示孔子在《繫辭傳》中所說：「懼以終始，其要无咎，此之謂《易》之道也」的道理。孔子強調「懼以終始，其要无咎」八個字是《易經》的核心奧義，意思是從頭到尾都要戒慎恐懼，戰戰兢兢，善於補過，才能沒有災難。其他如震卦初九「先虩虩而後笑，得吉。」同人卦九五「先號咷而後笑，得吉。」都是懼以終始的易道顯例，值得玩味深思。

總而言之，《易經》以乾卦的自強不息作為開始，以坤卦的包容柔順作為輔助，過程中又以既濟卦的憂患意識，以及未濟卦的辨別調整作為行動準則，希望能達到慎始善終，慎終如始的人生目標。

心靈隨筆

既濟卦 ䷾

既濟，亨小，利貞，初吉終亂。

心態上驕而忘憂，行動上止於安樂，是由成轉敗的關鍵。

生命的三毒

什麼情況下會讓人變得眼盲、耳盲、與心盲？那就是不斷的追求名利。人為什麼會不斷的追求名利而不能適可而止？原因在於人的貪念總是永無止盡，所以佛教把「貪、瞋、痴」視為殘害我們身心靈的「三毒」，這三毒是我們痛苦與煩惱的根源。

三毒又叫做「三垢」，或「三火」，三毒是我們生命覺醒的三個極大障礙，三個極不容易根治的煩惱。對於那些沒有在做修行功課的人來說，貪、瞋、痴三毒將會伴隨一生，直到老死。而對於那些有在做修行功課的人而言，才能真正體會戒貪，戒瞋，與戒痴的艱難。

生命修行的道路，就像「學如逆水行舟，不進則退。」的事實一樣，在生命覺醒的過程中，隨時可見也處處可見有的人已經修行到某一境界，卻又退轉的例子。《易經》以沒有完成的未濟卦做為六十四卦的終結，道理的啟示真是奧妙至極。「未濟」本來是指渡河沒有成功，引申義就是沒有完成，尚未圓滿的意思。生命的覺醒常常是扶得東來西又倒，真是一點都大意不得，值得我們細細玩味與深思。

易經損卦談如何減損過越之處，以回歸中道。《大象傳》說：「君子以懲忿窒欲。」「懲忿窒欲」就是減損瞋忿與貪欲的行為。要領在於時時觀照自己，減損不當的憤怒與貪欲，這樣自然能獲得身心的安泰，所以老子說：「故物或損之而益，或益之而損。」憤怒貪欲的減損，可能帶來收益；貪得無厭的增益，可能帶來損失。

心靈隨筆

未濟卦 ䷿

未濟，亨。小狐汔濟，濡其尾，无攸利。

生命覺醒如逆水行舟，不進則退。

小懲而大誡

一個人犯錯後所需要的並不是原諒，而是適當的懲罰。只有透過適當的懲罰，才能讓他的錯誤得到實質的補償，然後他的自我內在才會有一個真實的基礎，內心有了這個真實的基礎，就可以重新站起來，挺拔而立。

所以孔子在《繫辭傳》中對於噬嗑卦初九爻：「屨校滅趾，无咎。」的進一步詮釋是：「小人不恥不仁，不畏不義，不見利不勸，不威不懲；小懲而大誡，此小人之福也。」意謂小人受到小小的懲罰，而有大大的警戒作用，可避免將來再重犯過錯，這是小人的福氣。否則下場就是噬嗑卦上九爻所說的「何校滅耳，凶。」「何校滅耳」意謂已經罪大惡極，頸部被施以刑具，以致於看不見耳朵，將被處以重刑。

初九「屨校滅趾」的小小懲罰，可以避免上九「何校滅耳」的砍頭下場，難道不是懲罰的轉向效果？

孔子說：「人們所犯的過錯，都是源自於本身的性格，從一個人所犯的過錯，就可以判斷出他的人生路應該怎麼走。」孔子的意思是指我們每一個人都應該從自己所犯的過錯中來學習，來理解犯錯的原因，這樣對於自己有了更為深刻的認識後，就可以啟動成長的契機。因為過錯的背後有自己潛藏的性格，及蘊藏的天賦。

犯錯後的適當懲罰，正是一個讓人理解自己性格與天賦的契機，這樣才能修正自己，找到屬於自己人生應該走的正確道路。

心靈隨筆

噬嗑卦 ䷔

噬嗑亨，利用獄。

小的懲罰，有大的警戒作用，可避免再重犯過錯。

自我結構讓我們離開內在的真實本質愈來愈遠

「校」是刑具的總稱，在腳上稱為「桎」，就是一般俗稱的腳鐐。在手上稱為「梏」，就是一般俗稱的手銬。在頸上稱為「枷」，就是一般俗稱的「枷鎖」。《易經》噬嗑卦從第一爻初九的「屨校滅趾」，被帶上腳鐐，而遮住了腳趾，到第六爻上九的「何校滅耳」，被帶上枷鎖，而遮住了耳朵，真是一步一步走向滅亡的過程。

初九與上九都是犯罪的受刑人，在初九屨校滅趾時，爻辭還說「無咎」，沒有災難的意思，因為他「知錯能改，善莫大焉」，還有機會重新做人。等到「何校滅耳」，罪大惡極時，已經無法挽回，沒有機會再重頭來過了，這個時候，生命只能退場了，爻辭直接以一個「凶」字占斷了結。

孔子在《小象傳》裡別出心裁，為上九的命運做了詮釋，孔子說：「上九就是因為不聰明，才會胡作非為，才會招來何校滅耳，悲慘而不聰明的結果。」反之，初九因為小懲大誡，被引導走上正路，才能避免上九被判死刑的下場。

可見人生不怕犯錯，怕的是知錯不改，積小成大，愈走愈偏，最後自己把自己寶貴的生命給斷送掉了。佛經說：「放下屠刀，立地成佛。」刀在手上，放不放下，選擇權在自己，決定權也在自己。不聽不明的人，看不到自己的刀，也放不下自己的刀，當然只有咎由自取了。

刀是象徵的說法，其實是指人的欲望、執念、執著、分別、妄念、妄想……等等心理上的腳鐐、手銬、枷鎖，這種頑強的「自我結構」，讓我們離開內在的真實本質愈來愈遠，是我們每個人修練成佛或成聖的最大敵人、最大障礙。

心靈隨筆

噬嗑卦 ䷔

噬嗑亨，利用獄。

人生不怕犯錯，怕的是知錯不改，積小成大，愈走愈偏。

虛幻不實的成長假相

看似具有向上成長趨勢的《易經》升卦，其實暗藏鏡花水月的危機。升卦卦象下卦巽卦，上卦坤卦。泰卦卦象下卦乾卦，上卦坤卦，兩相比較差別只在於下卦初爻而已。升卦初爻是柔爻，是陰爻；泰卦初爻是剛爻，是陽爻。

柔為虛，為弱；剛為實，為強。所以泰卦初爻為剛實的陽爻；升卦初爻為柔弱的陰爻。初爻象徵開始，也象徵基礎，泰卦的初爻既為剛實的陽爻，所以基礎比較穩定，準備比較紮實。反之，升卦的初爻既為柔弱的陰爻，所以基礎比較不穩，準備比較不足。兩相比較；泰卦的格局當然是繁榮興旺的多。

升卦基礎不穩，準備不足，在往上升長的過程中，很容易升的太快，衝的過頭，一旦後繼無力，就可能泡沫破碎，轉眼成空。升卦卦中潛藏有好動的震卦、毀折的兌卦，及征凶無攸利的歸妹卦。所以孔子在解釋升卦卦辭的《彖傳》中才會特別提醒要「柔以時升，巽而順。」意思是處於升卦的格局中，為了避免躁動、毀折、受傷，必須隨順情勢穩步爬升，這就是孔子所說的「柔以時升，巽而順」的義理精義所在。

升卦爻辭中有「升虛邑」三個字，既象徵往前發展毫無阻礙，一路暢行無阻，又象徵往前發展竟然是海市蜃樓，虛幻一場。到底是前者還是後者，關鍵在於有沒有做到「柔以時升，巽而順」七個字。即便已經順利成長到高峰，也要明白高處不勝寒的道理，應該適可而止，若仍冥頑不靈強求成長，將會從高峰跌落谷底，從天堂掉入地獄，所以升卦最後一爻的上六才會說：「冥升」。「冥」就是因為追求虛幻，智慧被蒙蔽，以致於冥頑不靈。

《紅樓夢》的第一回寫說甄士隱夢見一個僧人及一個道士，在目送僧道兩人進入「太虛幻境」時，看到大石牌坊兩邊的對聯，寫的竟然是：「假作真時真亦假，無為有處有還無。」人生如果沉迷於「以假為真」及「以無為有」，到頭來必然是鏡花水月，一場空。從來不在紅塵浪裡的，突然站上孤峰頂上，會長久嗎？在《金剛經》中，釋迦牟尼佛說：「一切有為法，如夢幻泡影，如露亦如電，應作如是觀。」在《道德經》中，老子也說：「道常無為而無不為。侯王若能守之，萬物將自化。」無心而為，不刻意，無目的，不強加個人意志在別人身上，才是明君聖王應有的作為，也是我們應該修練的功課。

升卦六爻全變成无妄卦，兩卦性質完全相反，升卦是虛幻不實，无妄卦則真實不虛。虛幻不實是成長的假相，真實不虛才是如如的真相。

心靈隨筆

升卦 ䷭

升，元亨，用見大人，勿恤，南征吉。

高處不勝寒，別冥頑不靈強求成長。

利之所在也就是險之所在

《易經》益卦教人如何冒險犯難，以獲得利益。因此卦辭只有八個字，叫做：「利有攸往，利涉大川。」「涉大川」代表冒險犯難，大凡利益的所在，也就是危險的所在。而且利益愈大，所存在的風險也愈高。

那麼益卦卦辭為什麼說：「利有攸往」呢？因為益卦的結構是下震上巽，內震外巽。震與巽都屬於木，所以益卦的結構等於是兩木相合，同舟共濟，渡水能力甚佳，所以適合前往涉險，成功可期，這就是利有攸往的原因。

就人事功夫而言，震卦象徵心中充滿動力及自有主張，能當家做主。巽卦象徵外在的行動或行為能像風一樣，無孔不入，有縫就鑽，又象徵能靈活權變，低調伏入。一個人活在世上，能具備這樣的內在條件和外在條件來處世應對，當然能無往不利，成功可期。

損卦與益卦是修心養性一體兩面的卦，損卦教人「懲忿窒欲」，自損不當的情緒與欲望；益卦教人「遷善改過」，自益美善的道心智慧。

《易經．雜卦傳》說：「損益，盛衰之始也。」人生盛衰如循環之無端，損中有益，益中有損，損極則益，益極則損，損即是益，益即是損。塞翁失馬，焉知非福？塞翁得馬，焉知非禍？人的起心動念，已經引動氣機，招來吉凶禍福。《易經．繫辭傳》也說：「吉凶悔吝，生乎動者也。」人的起心動念，一舉一動，都是損益得失的決定關鍵，能不謹慎？這也是《易經》所要教人「一體同觀」及「敬慎不敗」的道理。

心靈隨筆

益卦 ䷩

益，利有攸往，利涉大川。

利益之所在，危險之所在。

人生不如意事十之八九

《易經》乾坤兩卦開天闢地，天生地成之後，萬物產生。後續接連六個卦分別為屯卦、蒙卦、需卦、訟卦、師卦、比卦，六個卦的卦象中都有坎卦，坎為危險，為陷落。緊接著的小畜卦又為密雲不雨，緊繃的格局，然後講求實踐的履卦，又為履虎尾，戰戰兢兢的情境。

履卦用柔，和氣致祥之後，才進入通暢無阻的泰卦，這個時候已經是第十一卦了。換句話說，開天闢地，萬物產生後，歷經艱難險厄，戰戰兢兢的八個卦後，才出現短暫的泰卦。無奈好景不常，沒多久又泰極否來，墜入阻塞不通的否卦。人生橫逆很多，艱難無數，如果沒有智慧，沒有德行，沒有能力，沒有勇氣，肯定過不了關，就算過得了這關，也過不了那關。

《易經》開天闢地之後，經過八個艱辛的卦，才進入平順通暢的泰卦，可是沒多久，格局又急轉直下，進入阻塞不通的否卦。人生不如意事十之八九，《易經》作者早已明示。

心靈隨筆

否卦 ䷋

否之匪人，不利君子貞，大往小來。

人生橫逆很多，艱難無數，如果沒有智慧，肯定過不了關。

登高必跌重

豐卦格局豐盛，資源豐富，當一個人處於豐卦豐盛的格局，擁有豐富的資產時，要懂得超然物外，或韜光隱藏，才能確保豐盛。

如果因為豐富而一味沉迷於物欲，驕奢淫逸，不了解生命的價值並不只是在於物質，就會落得像豐卦上六爻的下場般，人去樓空，窮的只剩下雜草叢生，荒涼無人的大宅院而已。所以豐卦上六爻辭說：「豐其屋，蔀其家，窺其戶，闃其無人，三歲不覿，凶。」《小象傳》孔子詮釋為：「豐其屋，天際翔也。窺其戶，闃其無人，自藏也。」如果沒有憂患意識，則登高必跌重，從「天際翔也」到「闃其無人」，恰好形成強烈的對照。

豐卦從豐盛至極到衰落至極，窮的只剩下雜草叢生，荒涼無人的大宅院，完全是因為被自己的障蔽所造成，而障蔽之心的產生正是豐盛。

心靈隨筆

豐卦 ䷶

豐亨，王假之，勿憂，宜日中。

懂得超然物外、韜光隱藏，才能確保豐盛。

雖有至知，萬人謀之

「至」是「到達」或「最」的意思，「知」與「智」相通，所以「至知」是指已到達最高智慧的人，也就是智絕之人。智慧愈高的人，愈容易引來眾人的謀害，是經驗法則，也是自然法則。

人的智巧再高，神妙再玄，總有未知的必然因素在默默影響，在暗中作用。人活在世上，不用算的太精，也不用算的太多，就算精心布局，自以為天衣無縫，也都會有破綻，也都會有破口，再高明的策略行為，必然有得有失。

《莊子．外物》中神龜的寓言故事，就是一個極佳的妙喻。「神龜能見夢於元君，而不能避余且之網；知能七十二鑽而無遺筴，不能避刳腸之患。如是，則知有所困，神有所不及也。雖有至知，萬人謀之。」莊子說孔子聽到神龜的故事後，感嘆的說：「神龜能夠託夢給宋元君，卻不能避開漁夫余且的網羅。神龜的智巧被用來占卜七十二次完全靈驗，沒有一次失誤，卻不能避開被挖去龜肉的禍患。可見智巧再高，也有困窮的時候，神妙再玄，也有不及的地方。一個人即使聰明絕頂，也避不開萬人的謀害……」

以前有代代相傳幾百年的輕鬆捕魚法，只要有湖泊的地方，漁夫就會養一種能夠捕魚的鳥，叫作「鵜鶘」，漁夫每次出去捕魚，都會帶四到六隻鵜鶘出去，事先用繩子把牠們的脖子綁住，這樣鵜鶘抓到魚，也就無法把魚吞下去。在那個時代，能養個六隻鵜鶘，就算是有錢的漁夫了。漁夫坐在船上悠哉悠哉，等鵜鶘叼魚叼的差不多了，漁夫回家前，就會將綁在鵜鶘脖子上的繩子解開，然後給鵜鶘吃幾隻魚算是慰勞。魚只怕鵜鶘，卻不知有魚網可以將牠們網羅，讓牠們更無所遁逃。魚網對於魚來說就是萬人謀之的象徵，魚可能逃得掉個別鵜鶘的叼捕，卻逃不掉象徵萬人謀之的魚網的網羅。

智絕容易死於智絕，就像戰將容易死於戰場一樣，俗話說「孤掌難鳴，無力可回天」。所謂的「一夫當關，萬夫莫敵」，靠的是地勢險惡的有利條件，而不是一夫真有多麼神勇。孔子所說的「雖有至知，萬人謀之」，如果以《易經》陰陽相生相剋的觀點來看，更能詮釋其中的奧妙。知至的智絕之人，通常恃才傲物，總是得意忘形而站在陽的一面，而萬人謀之的萬人，自知實力不夠，就會謹小慎微的站在陰的一面，不敢也不會與智絕的高人正面迎戰。這樣一陽對付萬陰的局面，一陽再強、再神，也防止不了在暗地裡謀算策劃，伺機而動的眾多小人，所謂「明槍易躲，暗箭難防」就是經驗法則。

《易經》大壯卦九三爻，在下卦象徵「大、中、至、正、純、粹、精」的乾卦頂端，因為乾卦有剛強的屬性，九三又在乾卦頂端，因此剛壯無比。正因為太強太壯，目中無人，恃強用壯的結果，正是雖有至知，萬人謀之的慘敗下場。九三屬於乾卦，乾卦有大、中、至、正、純、粹、精七項特質，本應有高度智慧，但因為居乾卦之首，過於剛強，過於自信，導致自己沖昏了頭，失去了本有的理智，於是讓小人有機可趁，得以找到九三的虛弱點，而被一舉打垮。

「雖有至知」智慧卓絕的人，如果不能像《易經》謙卦所說的，知道謙卑藏鋒，必然導致「萬人謀之」陷害的下場。看來大壯卦九三爻，也是逃不掉「自作孽不可活」的經驗法則與自然法則。

心靈隨筆

大壯卦 ䷡

大壯，利貞。

智慧卓絕的人，如果不能謙卑藏鋒，容易引來謀害。

「德行、智慧、能力」三項有如《易經》鼎卦的三隻腳

「智慧」是用來明辨是非，辨別選擇的，「能力」是用來解決問題，完成任務的。

如果智慧辨別出這是一件暫時不能去碰的問題，即使自己有能力解決，也應稍安勿躁，靜觀其變，不可魯莽行事。《易經》豐卦的義理說：「明以動」，必須等到把事情看清楚了，看明白了，才能採取行動，這樣就能有豐富的成果。

《易經》无妄卦說：「不可有輕舉妄動的行為，否則會招來無妄之災。」《易經》豫卦有預測、預防、預備及豫樂四個意涵，唯有預測精準，防患措施完備，及做好事前的相關準備工作，那麼才能享受豫樂的果實。預測、預防靠的是智慧，預備、豫樂靠的是能力。智慧的開啟靠的是德行的修養，能力的強化靠的是不斷累積解決問題的努力與經驗。

人活在世上，「德行、智慧、能力」三項有如《易經》鼎卦的三隻腳，缺一不

可，才能穩如泰山，鎮定如常。遇到任何問題，都能止、定、靜、安、慮、得，遊刃有餘。

《易經》六十四卦、三百八十四爻，都是因時制宜的最佳策略與行動方案，爻辭所謂的吉凶悔吝，也都只是一種相對的可能性，由可能性轉換為實現性，關鍵在於人的主觀能動性。人的主觀能動性的火候，完全取決於個人德行、智慧與能力的培養。

《繫辭傳》是孔子學習《易經》的心得，在《繫辭傳》中，孔子反覆強調培養德行、智慧、與能力的重要，認為這才是君子安身立命之道。

心靈隨筆

鼎卦 ䷱

鼎，元吉，亨。

人活在世上，「德行、智慧、能力」缺一不可。

人生不容易修練有成的功課

希臘人推崇四種美德，明智、勇敢、節制、正義。「明智」排名第一，因為最難。「明智」重效能，包括「知」和「行」，正確的認知加上正確的行動，「知行合一」才能有豐大的成果，有了豐大的成果，才是道地的「明智」意涵。

《易經》有一個卦稱為「豐」卦，豐是豐富、豐盛、豐大的意思，卦象即為「知行合一」。豐卦是《易經》第五十五卦，五十五是天地之數的總和，天地是最豐大的象，亦符合「豐」卦的卦象與卦義。明智的智慧與行動可以幫助我們在對的時間做對的事，是人生豐大或事業豐大的必要條件，也是人生不容易修練有成的功課。

心靈隨筆

豐卦 ䷶

豐亨，王假之，勿憂，宜日中。

正確的認知加上正確的行動，才能有豐大的成果。

生命的淬鍊圓熟是一個漸進的過程

果實成熟就掉落了，人生要不斷的追求心智的成熟，但也要去品嚐、玩味心智發展過程中各個階段的生澀、幼稚、蒙昧、無知、執著、傻氣、輕狂、貢高、我慢、自私、愚蠢、不安、盲目、迷思、糾結、失望、淒涼、迷失、負擔、打擊、自戀、醜陋、沮喪、失落、挫折、抑鬱、悲傷、狼狽、壓力、衝突、顛沛、挫敗、感嘆、束縛、不堪、糾纏、衝撞、橫逆、創傷、幻想、無奈、瓜葛、情傷、困頓、後悔、擔心、惶恐、夢想、掙扎、煩惱、痛苦、失意、徬徨、懊惱、無助、沉重、浮躁、害怕、無聊、障礙、洩氣、惆悵、心結、孤獨、寂寞、倒霉、滄桑、愚勇……等等，所有這些看來好像是負面的人生經驗，其實都是生命可貴的內容。

生命的過程中，如果沒有了這些東西的點綴，生命的內容不是太蒼白，也太無趣了嗎？《易經》從開天闢地的乾坤兩卦開始，然後萬物包括人就產生了，稱為屯卦。生命誕生後，歷經蒙卦、需卦、訟卦、師卦、比卦、小畜卦、履卦，這些充滿艱險和阻礙的卦的磨難後，才進入通暢無阻的泰卦，可是好景不常，馬上又掉進了阻塞不通的否卦。

生命的淬鍊總是扶得東來西又倒，最後歷盡艱辛總算走到了象徵成功的既濟卦，沒想到一念之差，又急速墜落到象徵失敗的未濟卦，一切又得重新來過，這就是生命的真相。生命的圓熟需要時間，需要誠心，需要努力，需要恆心，需要耐心，需要精進，需要方法，需要要啟示，需要智慧，不可能一步到位，這也是《易經》漸卦「漸之進」的義理精髓。漸卦卦象山上有木，樹木長在山上，隨著山的逐漸長高，樹木也跟著更高。

由此可知，天下萬事萬物的發展，大多漸進有序，循序漸進。例如鴻鳥每年在春天漸漸往北飛，在秋天又漸漸往南飛，這也是漸卦漸進不亂的道理。生命的淬鍊圓熟必然是一個漸進的過程，不可能一下子成聖、成佛、成真人，唯有堅持信念，繼續往前邁進，勝不驕，敗不餒。一切過程中的酸甜苦辣，都是生命證成中的必有元素，不必否定，也不能否定。若從終極目標的觀點來看生命的發展，則一切的一切，不論是好的，還是不好的，都是生命淬鍊過程中的助成因素，不可或缺。

生命的淬鍊圓熟是一個漸進的過程，也是一個由小到大，由大到化的過程。

「大」不是名氣的大，也不是權勢的大，而是心胸的大、格局的大、精神的大和心靈的大，「化」則是生命昇華的境界。生命如果只是成其大還不夠，必須進一步成其化，才算圓滿完成。換言之，生命的修練是先求其大，然後再成其化，便可達到淬鍊圓熟的境界。

生命的「大」不是由外鑠而來，唯有去除內在的分別心，得失心，執著心時，才能回歸生命本身的大。我們學習《易經》，領悟經典中的義理，吸收經典中的智慧，也是一種能使我們的生命往大往化，淬鍊圓熟的一種簡易法門。

心靈隨筆

泰卦 ䷊

泰，小往大來，吉亨。

天下萬事萬物的發展，大多漸進有序，生命的圓熟需要時間及耐心。

《易經》太極思維的辯證法玄妙無比

所謂「思維」是感性認識與理性認識交融在一起的過程，而思維方式就是觀察世界，認識世界，指導自己，改造世界的思想方法。

好的思維方式可以啟發智慧，自覺覺人。《易經》太極思維所蘊含的豐富而奧妙的辯證哲理，即使一向瞧不起中國文化的西方哲學家黑格爾（Georg Wilhelm Friedrich Hegel），在接觸過《易經》後，也讚不絕口，自嘆不如。黑格爾的《邏輯學》（*Wissenschaft der Logik*）至今仍被西方世界公認是研究辯證法理論的權威代表作，而黑格爾的《精神現象學》（*Phänomenologie des Geistes*）更是充分運用他的辯證法，來進行社會文化的分析與批判，同時描述人的精神現象是如何的不斷自我否定，與自我超越。但若以馬克斯（Karl Marx）的辯證法來對照《易經》太極思維的辯證法，終究是小巫見大巫。

《易經》是全世界唯一一本完全用陰陽兩個符號，所寫成的一本談變化，偉大而永恆的著作。《易經》一書的內容包括形式和內蘊兩個部分，形式包括符號（或稱為象）及辭，象有卦象、爻象，辭有卦辭、爻辭，另加上卦名。內蘊包括「義」及「理」，「義」是指意義，「理」是指道理，「義理」是貫通象辭及天地萬物的靈魂。《易經》的太極思維蘊藏在六十四卦及三百八十四爻之中，六十四卦代表六十四種卦時、格局、形勢、際遇、情境。每卦中有六個爻，每一爻代表不同的時位、處境、位階、階段。六十四卦三百八十四爻中的卦時，卦義，乘承比應，爻位關係，及陰陽變化，非常複雜而奧妙，遠非西方所自以為傲的辯證法可以相比，對於《易經》太極思維的玄妙與高不可及，他們只能抬頭仰望。

太極思維的主要特色有三，一為形象思維，二為整體思維，三為辯證思維。《易經》是以獨特卦爻符號的象徵與比喻手法，作為思維工具來展現他的哲理，因此離開卦畫、卦象，就無法詮釋易經。

形象思維，是《易經》整體思維與辯證思維的基礎。六十四卦的卦辭、卦義，就是建立在卦畫與卦象之上。太極思維透過卦爻符號，來模擬宇宙萬有的生成變化，如果要判斷某一個卦爻的吉凶，就應先辨明該爻所處的卦時，進而掌握他的爻位關係，那麼吉凶的取向就會漸趨明朗。卦時不同，即使是同一個爻位，吉凶也會不同。

《易經》的整體思維視萬物為普遍連續，相互制約，與息息相關。《易經》自身的邏輯結構，已經是一個圓滿俱足的整體模型設計，堪稱天衣無縫，高妙曼達。從《易經》的整體思維來看，部分與全體是合一的，沒有整體，也就沒有個體，必須先有整體定位，個體才能確定他在整體中的適當定位。同樣的道理，個體也會影響整體，一個微小的變化，所產生的連鎖反應及蝴蝶效應，有時是難以想像的。

至於辯證思維，則是一種以運動、變化與聯繫的觀點，來認識事物的思維方式，主要表現為變易思維和相成思維。變易思維涵蓋變化日新、陰陽流轉、陰陽互藏、陰陽生剋、陰陽不測、與物極必反等觀點。相成思維則以相互聯繫、相互依賴、相濟互補的觀點，來看待所有對立面的事物。因為任何事物都不是單獨存在，也不可能單獨存在，都是以他的對立面，作為自身存在的條件或前提，對立的雙方共同構成統一的存在，所以《繫辭傳》說：「孤陰不生，獨陽不長。」陰陽相互更迭，相互補充，相互激盪，就成為天地萬物生成變化的法則。

太極思維是一個涵蓋微觀與宏觀的思維架構，所謂一物一太極，小至細胞，大至宇宙，無一不是太極。太極思維不僅強調陰陽的對立轉化，更強調對立轉化後的感應和諧。《易經》夬卦就是這種思維的具體顯現。「夬」通「決」，有決除、決絕、決斷的意思。陽剛君子決除陰柔小人，以兩不相傷為上策，若強行決絕，必然導致兩敗俱傷的下場。所以夬卦的卦義特別強調「健而悅，決而和。」只有內心剛健才能果決，才能決除陰柔，只有行為和悅，才不會流於剛暴，才能避免衝突，最後的結果也才有可能和諧，這是太極思維非常重要的特色。

心靈隨筆

夬卦 ䷪

夬，揚于王庭，孚號有厲；告自邑，不利即戎，利有攸往。

君子決除小人，以兩不相傷維持和諧為上策，這是太極思維非常重要的特色。

動態而與時俱進的合宜之道

孟子主張仁是人的心，義是人的路，禮是人的門。「義」是「宜」的意思，是動態的，是與時俱進的，所以孟了才說：「言不必信，行不必果，惟義所在。」一般人對於孟子「言不必信，行不必果，惟義所在。」的說法，常常因為斷章取義，而心生疑惑。如果沒有完整的看完孟子的整段話，就不知道孟子所說「言不必信，行不必果。」是有背景條件的。孟子說「言不必信，行不必果」是有前提的，那就是「惟義所在」四個字。

孟子認為說話不一定要死守信用，行動不必固執一定要達到事先設定的目標，必須考慮時空條件改變的正當性，而彈性因應與改變，這是「惟義所在」的精義。

「合宜性」也就是正當性，而正當性的前提是適宜性，適宜性的前提是真誠性。「仁」就是真誠性，所以「仁」是「義」的基礎，其實在孟子一百多年前的孔子，在《論語．里仁》篇，早就有相同的論點。孔子說：「君子之於天下也，無適也，無莫也，義之與比。」孔子也說過「無可無不可」，沒有什麼是一定要怎麼樣，或不怎麼樣的，凡事都需要考慮當下客觀的時空條件為何？「惟義所在」，「義之與比」，「無可無不可」，都是相同的意思，都是「義」或「宜」的深刻意涵。

孟子擅長培養浩然之氣，孟子提出了明確培養浩然之氣的態度及方法，在態度上，孟子認為培養浩然之氣必須漸漸進行，不能急躁求快。這種態度非常符合《易經》漸卦及大畜卦的義理。漸卦強調循序漸進，步步高升。大畜卦強調收斂躁心，積健成雄。在方法上就是「直、道、義」三字訣。

一、直：正直真誠的意思，意思是指在培養浩然之氣的時候，我們必須心存正直與真誠的心。

二、道：光明大道的意思，意思是指在培養浩然之氣的時候，我們每天都應該走在光明的大道上。

三、義：正當的意思，意思是指在培養浩然之氣的時候，我們必須戰戰兢兢，敬慎應對，每天都做應該做、正當的事，利己而利人。

換句話說，孟子善養浩然之氣的方法非常符合儒家孔子「一以貫之」的道理，包括道、仁、義。帶著一顆真誠的心走在光明大道上，一生都在做與時俱進，符合當下時空條件的正確的事，這就是身為萬物靈長的人的生命與覺醒之道或儒家心法。人有了人的浩然之氣，才能與天地的浩然正氣相連結，進而合而為一。

心靈隨筆

漸卦 ䷴

漸，女歸吉，利貞。

凡事都需要考慮當下客觀的時空條件。

不能慎始慎終，常常功敗垂成

老子對於功敗垂成的看法是這樣的：「民之從事，常於幾成而敗之。」人性的普遍弱點常常會在事情已經做到快要完成的時候，內心就容易鬆懈下來，無法做到既能慎始，又能慎終，所以常常功敗垂成。

《易經》井卦論述取水養民的道理，水井的功能是要養人，人不能沒有井水，如果挖井沒有堅持到最後，打通泉脈使泉水滾滾而出，結果也是一口廢井，終究沒有用處，所以孟子說：「掘井九軔而不及泉，猶為棄井也。」這就是慎始不能慎終的道理。

至於掘井成功已經是一口會出水的井，如果無法將水打上來，還是一樣沒有用，不能達到養民的目的。為政或生命覺醒的過程，就像井卦取水養民的道理，最怕為德不卒，半途而廢，井卦就蘊含有這樣的象徵意義，值得我們深思。

心靈隨筆

井卦 ䷯

井，改邑不改井，无喪无得，往來井井，汔至，亦未繘井，羸其瓶，凶。

人性的弱點常常會在事情快要完成時，內心鬆懈，功敗垂成。

是結束也是開始

《易經》六十四卦的倒數第二個卦是既濟卦，代表階段性的完成或成功。人一旦處於既濟卦的情境，久了就會因得意忘形而失去了創造力，於是再度陷入了窮困之中，在《易經．彖傳》中孔子詮釋這樣的情況叫做「終止則亂」。「止」是指創造力的終止，「亂」是指又陷入了窮困之中而慌亂。

既濟卦是在顯示《易經》變通而不窮的道理，因而必須再重新啟動另一個生機。既濟卦後面再安排一個代表尚未完成，也尚未結束的未濟卦，做為六十四卦的壓軸，就是在顯示《易經》生生不息的原理。宇宙人生只有尚未完成，尚未結束的才能繼續演化，繼續生生，所以孔子用五個字來詮釋《易經》的核心奧旨，稱為「生生之謂易」。生生就是生了又生，創造又創造，永不止息的意思。

《易經》從第一個卦，乾卦啟動生機開始，到第六十三個卦，既濟卦階段性的完成，然後安排未濟卦接續上場，就是為了再啟動另一個生機。未濟卦做為六十四卦的結束，表面上看起來是結束，其實是另一個循環的開始，就像後天八卦從震卦開始，到艮卦告終，看似八卦的結束，其實又是另一個循環的開始，孔子形容為：「成之終，成之始。」艮卦是一個循環的完成，也是另一個循環的開始。開始不在於震卦，艮卦已經暗中開始了，這是聖人見道而饒富深意的精心安排，所謂「天道驚險，人道驚豔」，真的一點也不誇張。

心靈隨筆

既濟卦 ䷾

既濟，亨小，利貞，初吉終亂。

人生只有尚未完成，尚未結束的才能繼續演化。

走出生命的幽谷

生命的過程中，本來就充滿很多的不確定性和風險性。所以人的一生如果沒有做功夫的修練，或智慧的覺悟，那麼大部分人的命運都會被自己天生的性格所左右及決定，而少有改變的可能。

從心理學的角度來看，人的人格特質大致上可簡單分類成兩種，一種是外控的人格特質，一種是內控的人格特質。外控的人格特質不外三個特徵：

一、認為自己生活中所發生的一切事變或遭遇，都是由他人或命運所控制的。

二、習慣性的總是將自己的過錯與失敗的責任，歸咎於外界的因素，或自己的運氣不好。

三、對自己向來缺乏自信，過度在乎別人的感受與反應。

內控的人格特質大致上也有三個特徵：

一、對於自己的能耐有把握，有自信，亦即凡事都有充分的掌控感，英文稱為control。

二、勇於面對挑戰，不怕困難，英文稱為challenge。

三、能設定自己內心的承諾，並努力加以實現，英文稱為commitment。

三個特徵的英文字開頭都是C，所以簡單來說，一個具有內控人格特質的人，也就是具有「3C」特徵的人。

所謂功夫的修練或智慧的覺悟，涵蓋的範疇非常廣泛，但歸根究底，重點還是一個心上的功夫而已。例如明代精通儒釋道的道士洪應明，融合了儒家的中庸之道，佛家的清淨心，道家的自然無為三家思想，以及自己的生命經驗，寫成《菜根譚》一書，與明朝陸紹珩所寫的《小窗幽記》及清朝王永彬所寫的《圍爐夜話》一起並稱「處世三大奇書」。在《菜根譚》一書中對於心上功夫的比喻說：「風來疏竹，風過而竹不留聲。雁度寒潭，雁去而潭而不留影。故君子事來而心始現，事去而心隨空。」心可現可空，就是非常到家的心上功夫。

中國廈門有句俗語說：「船過水無痕。」台灣很多閩南人的祖先都是來自於福建的漳州與泉州，所以也常用「船過水無痕」這句話，來感嘆人情的冷暖，有事過境遷，無法從頭來過的意涵。既然事過境遷，就應該明白已經回不去了，此時最重要的心態是學會接受，才不會在執著中讓煩惱相伴一生，無法忘懷。佛教六祖慧能就把「船過水無痕」當做不執著的心上功夫。「船過水無痕」是出自唐朝初期著名詩人，宋之問的五言律詩〈江亭晚望〉，詩中有一句：「帆過浪無痕」，「帆過浪無痕」改成「船過水無痕」，用閩南俗語唸起來順口很多。佛教《涅槃經》也有一句類似的話，用來勉勵世人內心不要執著，叫「如鳥飛空，跡不可尋。」「船過水無痕」或「鳥飛不留影」，都是大自然的自然現象，也是人事上的事實真相。就像唐朝劉希夷詩人在〈代悲白頭翁〉詩中，有一句流傳千古的名言：「年年歲歲花相似，歲歲年年人不同。」如果我們的內心能夠修練到「事情過了就算了」這七個字，那就是一種離相的大智慧。否則在生命的過程中，我們常常會因為想不懂、看不開而煩惱與痛苦，這種現象《易經》稱為蒙卦，蒙字為冢上雜草叢生，引申為視野被遮蔽而看不清楚，所以蒙卦有蒙蔽、蒙昧、疑惑、啟蒙等意思。若是我們一直無法自己化解外在的困擾、糾葛、痛苦、與煩惱，又沒有機會遇到高人的指點迷津，久而久之就會陷入生命的泥淖中，愈陷愈深，而難以自拔。換句話中，就是陷入了生命的幽谷，「幽」是「幽暗」的意思，幽谷即幽暗的深谷。《易經》困卦初九爻說：「臀困於株木，入於幽谷，三歲不覿。」「株木」就是枯木，「覿」是見的意思，「三歲」比喻很多年。生命一旦陷入昏暗不明的幽谷中，想要再重見光明，不是一件容易的事，有時甚至會愈陷愈深，很多年都走不出來，此時心靈會被黑暗不斷的吞噬，就像枯木一樣逐漸凋零，而失去應有的生命力。

人之所以陷入生命的幽谷，常常是因為性格使然，特別是外控人格特質的人，陷入生命幽谷的可能性更高。陷入生命幽谷的原因，有的來自於外在的客觀因素，有的來自於內在的主觀因素，例如心理素質，其中外控的人格特質，就是屬於個人內在主觀心理素質的不利因素。不論是外在的客觀因素或內在的主觀因素，唯有靠我們個人願意及樂於做功夫修練及智慧覺悟的功課，才有可能脫胎換骨，火鳳凰重生。所以俗語才會說「江山易改，本性難移。」本性就是我們前面所說的人格特質，說本性難移，而不說本性不移，表示還有改變的可能性。生命只要有可能性，就有實現性，說穿了生命就是從可能性到實現性的過程，而這正是生命覺醒的主要課題。

孔子的思想強調君子，所謂君子是指高度覺醒的人，想要成為覺醒的君子，在

《論語》一書中，孔子開宗名義就說：「學而時習之，不亦悅乎。有朋自遠方來，不亦樂乎。人不知而不慍，不亦君子乎！」「學」有學習與覺悟的雙重意涵，學習是手段，是過程，覺悟才是目的，才是根本。「時習」是適時驗證學習的成效，當我們能夠透過自己不斷的「學而時習」，亦即學習然後在適當的時機加以實踐印證，如果有遠方的同道益友來訪，也會把握機會相互論道切磋，最後即便學有所成，已經滿腹經綸，已經德行完備，仍然不為人知，仍然時不我予，也能無怨、無尤、無忿，心平氣和且耐心的等待機會的來臨，這就是孔子對於一個高度覺醒君子的深刻詮釋。

《易經》乾卦初九爻說：「潛龍勿用。」「龍」是中國古代君子的象徵，「潛龍」是指沉潛修練的君子，「勿用」不是不用，是因為目前時機未到，不能輕舉妄動。高度覺醒的君子，能夠邊潛修，邊待時，邊待機，有朝一日生命的大輪盤轉到自己的眼前時，就能適時而用，盡情揮灑，而且揮灑自如。

心靈隨筆

困卦 ䷮

困，亨，貞，大人吉，无咎，有言不信。

事情過了就算了。

國家圖書館出版品預行編目資料

微易經/吳進輝作. -- 初版. -- 臺北市：商周出版, 城邦文化事業股份有限公司出版：英屬蓋曼群島商家庭傳媒股份有限公司城邦分公司發行, 2021.04
面；　公分
ISBN 978-986-5482-28-2（平裝）
1. 人生哲學　2. 生活指導
191.9　　110003045

微易經：從可能性到實現性的過程

作　　者／吳進輝
責任編輯／黃筠婷

版　　權／黃淑敏、邱珮芸、劉鎔慈
行銷業務／林秀津、劉治良、周佑潔
總 編 輯／程鳳儀
總 經 理／彭之琬
事業群總經理／黃淑貞
發 行 人／何飛鵬

法律顧問／元禾法律事務所 王子文律師
出　　版／商周出版
台北市中山區民生東路二段141號4樓
電話：(02) 2500-7008 傳真：(02) 2500-7759
E-mail：bwp.service@cite.com.tw
Blog：http://bwp25007008.pixnet.net/blog
發　　行／英屬蓋曼群島商家庭傳媒股份有限公司城邦分公司
台北市中山區民生東路二段141號2樓
書虫客服服務專線：(02)2500-7718・(02)2500-7719
24小時傳真服務：(02)2500-1990・(02)2500-1991
服務時間：週一至週五09:30-12:00・13:30-17:00
郵撥帳號：19863813　戶名：書虫股份有限公司
讀者服務信箱E-mail：service@readingclub.com.tw
歡迎光臨城邦讀書花園　網址：www.cite.com.tw
香港發行所／城邦（香港）出版集團有限公司
香港灣仔駱克道193號東超商業中心1樓
Email：hkcite@biznetvigator.com
電話：(852)2508-6231　傳真：(852)2578-9337
馬新發行所／城邦(馬新)出版集團【Cite (M) Sdn. Bhd.】
41, Jalan Radin Anum, Bandar Baru Sri Petaling,
57000 Kuala Lumpur, Malaysia
電話：(603)90578822　傳真：(603)90576622
Email：cite@cite.com.my

封面設計／徐璽工作室
電腦排版／唯翔工作室
印　　刷／韋懋印刷事業有限公司
總 經 銷／聯合發行股份有限公司　電話：(02)2917-8022　傳真：(02)2911-0053
地址：新北市231新店區寶橋路235巷6弄6號2樓

■ 2021年4月20日初版
■ 2023年4月14日初版1.7刷
Printed in Taiwan

定價／380元

ISBN 978-986-5482-28-2